KB216842

모르면 호구 되는
경제용어상식

모르면 호구 되는 경제용어상식

경제의 흐름을 읽고 투자의 기초를 다지는
최소한의 경제용어상식 떠먹여드림

이현우 지음

누적 판매
10만 부
〈모르면 호구 되는
상식〉 시리즈

경제 뉴스,
아무리 봐도
무슨 말인지 모르겠는
경알못에게 권하는
단 한 권의 책

한스미디어

프 롤 로 그

당신이 주인공인 새로운 경제학

경제 책을 펼쳐 본 적이 있나요? 처음 몇 장을 읽고는 "나는 역시 경제와는 안 맞아"라며 책을 덮은 경험이 있지는 않으신가요? 경제가 어렵다는 느낌, 그리고 "내가 부족해서 이해를 못하나?"라는 자괴감이 들었을 것입니다. 많은 분들이 그렇게 경제 공부를 포기하곤 합니다. 하지만 그건 결코 여러분이 부족해서가 아닙니다. 단지 그 책이 그려낸 세계 속에 여러분의 자리가 없었던 것입니다.

기존의 경제학과 경제학자들은 마치 오래된 미술 작품과도 같습니다. 예전의 화가들은 주로 왕과 귀족, 신과 성직자들을 그렸습니다. 궁정에 속한 화가들은 왕의 위엄을 그렸고, 교회에 속한 화가들은 신의 영광을 화폭에 담았습니다. 때로는 부유한 귀족들의 초상화를 그리며 그들의 위엄과 신망을 찬양했습니다. 그런 그림 속에 평범한 사람들의 삶은 전혀 없었습니다. 설사 있다 하더라도, 한낱 배경이나 장식물에 불과했지요.

지금의 경제학자들이 쓴 여러 책도 마찬가지입니다. 그들이 그려온 세상에는 거대 자본, 정치 권력, 금융 엘리트 중심의 풍경과 같은 이론이 전부입니다. 미래를 걱정하는 서민이나 알바비를 받으며 월세 걱정하는 청년, 육아와 경력 단절 사이에서 고민하는 부모들과 은퇴를 준비하며 물가와 씨름하는 어르신 이야기까지…. 이런 사람들은 경제학의 주인공이 아니었습니다. 그래서 우리는 경제 책을 읽고도 내 이야기 같진 않다는 생각을 하게 됩니다.

하지만 시대는 변하고, 세상도 바뀝니다. 미술에는 새로운 화풍이 등장했고, 카메라가 생기면서 화가들은 더 이상 왕과 신을 그리지 않게 되었습니다. 시장에 앉아 있는 노파와 햇살 아래 피크닉을 즐기는 가족, 일터에서 땀 흘리는 노동자들, 사람들의 내면, 자연 환경 등이 캔버스의 주인공이 되었습니다. 예술은 권력과 자본을 찬양하는 도구가 아닌 삶과 세상을 표현하는 또 하나의 언어가 되었습니다.

경제라는 학문도 바뀌어야 합니다. 아니, 이미 바뀌고 있습니다. 이제 우리는 누군가의 그림을 완성시키기 위한 배경이 아니라, 각자가 자신의 인생에서 주인공인 시대가 되었습니다. 경제는 더 이상 숫자와 복잡한 그래프만이 아닙니다. 경제는 선택이고 행동이며, 사람과 사람 사이의 관계입니다. 점심으로 어떤 메뉴를 고를지, 이번 달 월급으로 한 달을 어떻게 살아갈지, 이 작은 선택 하나하나가 모두 경제학입니다.

여러분이 소비하고 저축하며 일하고, 심지어 후회하고, 망설이면서 포기하는 순간까지도 경제학은 존재합니다. 그동안 경제학이 보지 못했거나, 보지 않으려 했던 가장 본질적인 부분을 이제는 그려내야 합니다. 이 책은 여러분이 경제라는 거대한 그림 속에서 다른 이들이 그려놓은 선을 따르는 게 아니라, 여러분만의 선과 색으로 자유롭게 '삶'이라는 작품을 그릴 수 있도록 도울 것입니다.

마치 화가가 스스로의 시선으로 세상을 담아내는 것처럼 여러분의 경험과 시선으로 경제를 다시 바라보길 바랍니다. 지금부터 펼쳐질 페이지들은 '정답'을 강요하지 않습니다. 이 책은 단지 붓을 쥐어줄 뿐, 그림을 그리는 건 오롯이 여러분의 몫입니다. 여러분이 주인공인 경제학, 여러분만의 이야기를 담은 작품을 함께 그리는 여정을 도와드리겠습니다. 그리고 그 작품은 혼자 보기 위한 것이 아닙니다. 세상과 나누고 함께 감상하며, 서로를 이해하기 위한 작품입니다.

부산 감천문화마을은 한때 쇠락했던 지역이었지만 주민들과 예술가들이 함께 만든 벽화와 골목 프로젝트를 통해 마을 전체가 거대한 예술 공간이 되었습니다. 방문객들은 벽화를 감상하고 골목길을 걸으며, 마을의 이야기를 경험합니다.

그림이 모여 지역 경제를 살리고 공동체를 되살리는 힘이 되었습니다. 여러분의 배움으로 탄생할 작품도 단지 '돈을 잘 쓰는 법'이 아닌 삶을 풍요롭게 하고, 세상을 아름답게 바꾸는 힘이 될 수 있습니다. 여러분의 작품을 세상에 보여주세요.

마지막으로 좋은 책이 나올 수 있게 많은 도움을 주신 한스미디어 출판사 직원 여러분께 깊은 감사의 말씀을 드립니다. 그리고 항상 믿고 응원해 주시는 〈모르면 호구 되는 경제상식〉 유튜브 구독자들께도 감사의 말씀을 드립니다. 지금은 하늘에 계시는 지금은 하늘에 계시지만 언제나 아낌없이 사랑을 주셨던 할머니와 할아버지께 깊은 사랑을 전합니다. 제 곁을 항상 지켜 주는 우리 어머니와 아내 그리고 아들에게도 감사와 사랑을 보냅니다.

차 례

1장
이것만 알아도 초보 탈출 경제용어

2장

투자의 기초체력 금융

3장
이해하면 돈이 보이는 경제 정책들

4장
실전 경제 뉴스 공략

5장
일상 속 경제용어 꿀팁

1장

이것만 알아도 초보 탈출 경제용어

01 경제·금융·회계, 이 셋의 차이만 알아도 초보 탈출!

······ 우리의 일상은 돈과 밀접하게 연결되어 있습니다. 그래서 대부분의 사람들이 경제 뉴스나 책을 통해 공부를 시작합니다. 하지만 얼마 안 가 포기하는 경우도 많습니다. 경제 지식의 넓은 바다에서 어디서 시작하고, 어디까지 공부하면 나에게 도움이 될지 막막하기 때문입니다. 이럴 때는 큰 덩어리를 잘게 나누어 나에게 필요하거나 맞는 부분을 차근차근 공부해야 합니다. 그래야 어려운 경제용어가 계속 나와도 지치지 않고, 꾸준히 공부할 수 있습니다.

그렇다면 어떻게 과목을 나눌 수 있을까요? '경제' '금융' '회계' 세 개 분야로 나눠서 시작하면 좋습니다. 이 셋은 약간씩 다른 분야이지만 서로 연결되어 있습니다. 여러분의 일상과 업무에 도움이 되

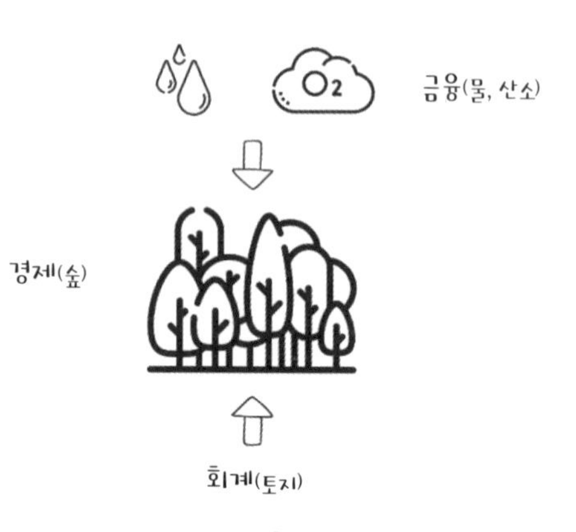

경제, 금융, 회계의 관계

는 방식도 서로 다릅니다. 관심 있거나 필요한 분야부터 공부한다면 앞으로 포기할 확률이 현저히 줄어들 것입니다. 자신에게 부족한 부분을 보완하고, 공부를 계속한다면 세상을 보는 안목을 크게 키울 수 있습니다.

큰 숲을 보는 '경제'

먼저 경제 공부를 통해 큰 숲을 볼 수 있는 안목을 기를 수 있습니다. 숲은 다양한 생물체가 모여 상호 작용하며 생태계의 건강과 균형을 유지합니다. 우리가 사는 세상도 드넓은 숲과 비슷합니다. 개인, 기업, 정부와 같은 경제적 생명체들이 상호 작용하며 경제의 건강과 균형을 유지합니다. 경제 공부는 우리가 사는 세상이 어떻게 돌아가는지를 배우는 것입니다. 그래서 경제를 공부하면 시장 구조, 국제 무역, 국가 정책 등의 영향을 이해할 수 있습니다.

예를 들어 정부는 공항이나 철도, 도로 같은 인프라를 구축하고 사회 질서를 유지합니다. 개인은 노동을 제공하고 소비와 투자도 합니다. 기업은 사회 인프라와 노동력을 제공받아 돈이라는 열매를 맺습니다. 경제 지표는 이러한 상호 작용을 숫자로 보여줍니다. 물가상승률, GDP 성장률, 무역수지, 실업률 등의 지표를 통해 현재 경제 상황을 파악할 수 있습니다. 이러한 숫자의 의미를 이해한다면 앞으로의 경제 상황을 예측하는 데 많은 도움이 될 것입니다.

돈의 흐름을 이해하는 '금융'

금융 공부를 통해서는 돈의 흐름을 이해할 수 있습니다. 큰 숲에 생명체가 살기 위해서는 적당한 햇볕, 물, 산소 등이 원활하게 공급되어야 합니다. 금융은 우리가 사는 세상에 이런 요소를 적절히 공급하는 역할을 합니다. '돈'이 모여 작은 개천(흐름)을 만들면, 경제 주체들이 모여들어 돈을 공급받을 수 있습니다. 그 작은 개천은 강으로 이어지고, 다시 바다로 흐르면서 더 큰 생태계를 만들어냅니다. 금융은 이러한 환경을 조성하는 중요한 역할을 합니다.

예를 들어 우리는 돈을 은행에 저축합니다. 은행은 이렇게 모은 돈을 필요한 기업이나 개인에게 빌려줍니다. 돈을 공급받은 기업이나 개인은 사업이나 투자로 수익이라는 열매를 맺습니다. 연금, 보험, 주식 투자 등도 마찬가지입니다. 돈을 모아서 필요한 곳에 보내고, 수익을 창출합니다. 이렇게 돈을 모으고 효율적으로 배분함으로써 경제 성장을 촉진하고 위험을 관리하며, 재산을 보호하는 것이 금융의 핵심 역할입니다.

무엇보다 금융은 돈의 흐름, 투자, 자본 조달 등 실생활과 직결된 분야입니다. 주식, 채권, 펀드 등 금융 상품에 대한 지식도 개인의 장기적인 자산 증식을 위해서는 필수적입니다. 또한 금융을 이해하면 단순히 돈을 모으는 것을 넘어 시장의 흐름에 맞춰 합리적인 투자 전략을 수립할 수 있습니다. 따라서 금융 공부는 미래의 경제적 안정, 자유, 시간을 확보하는 데 도움이 되는 지식입니다.

자본주의 기본 시스템 '회계'

회계를 공부하면 자본주의 시스템의 근본을 이해할 수 있습니다. 숲에 다양한 생명체가 살기 위해선 좋은 토양이 필요합니다. 경제 환경에서는 회계가 경제의 바탕을 이루는 토양입니다. 모든 경제와 금융 활동에는 올바른 기록이 필수적입니다. 기록하지 않는다면 돈을 얼마나 벌었고 얼마나 썼으며, 앞으로 얼마나 사용할 수 있는지를 알 수 없습니다. 이러한 기록을 바탕으로 사업 활동, 기업 상태, 경제 규모 등을 올바르게 측정할 수 있습니다.

올바른 기록을 바탕으로 정부와 기업 그리고 개인은 안전하게 돈을 주고받으면서 경제 활동을 할 수 있습니다. 기록이 서로 다르고 기준이 모호하면 엄청난 혼란이 발생하고 경제 시스템의 신뢰가 무너질 수도 있습니다. 무엇보다 올바른 회계 기록이 있어야 효율적인 자원 배분이 가능하고, 최적의 결정을 내릴 수 있습니다. 또한 기록이 잘 정리되어 있다면 오류를 쉽게 찾아내고 수정할 수 있는 장점도 있습니다.

회계를 공부하면 숫자에 숨겨진 경제적 패턴을 읽고 합리적인 의사 결정을 내리는 데 큰 도움이 됩니다. 언론이나 전문가, 정부 등의 발표는 각자의 입장과 관점이 반영되어 있어 무조건 신뢰하긴 어렵습니다. 그러나 회계를 통해 숫자의 의미를 이해하고 상대방의 입장을 고려하면 숫자 뒤에 숨겨진 경제적 현상을 발견할 수 있습니다. 작은 차이가 큰 결과를 만들어 내는 중요한 요소인 것입니다.

02 Fed·FRB·FOMC, 세계의 돈을 쥐락펴락하는 곳

••••• 세계의 돈을 쥐락펴락하는 곳이 있습니다. 바로 'Fed'와 'FRB' 그리고 'FOMC'입니다. 언론에서 한 번쯤은 들어봤을 이름들입니다. 하지만 모두 'F'로 시작해 비슷하므로 혼동하는 경우가 많습니다. 세계 돈의 흐름과 경제 방향을 정하는 기관들인 만큼 이들이 각각 어떤 기구이며 어떤 역할을 하는지 이해하면 큰 도움이 될 것입니다.

위 세 곳에서 결정한 내용은 미국을 넘어 전 세계 경제에 큰 영향을 줍니다. 우리나라를 포함한 전 세계 주식시장은, 이들이 특정 내용은 발표한 다음 날 충격을 받는 경우가 자주 발생합니다. 또한 기준 금리 방향을 정하는 기관들이기 때문에 우리나라 부동산시장과

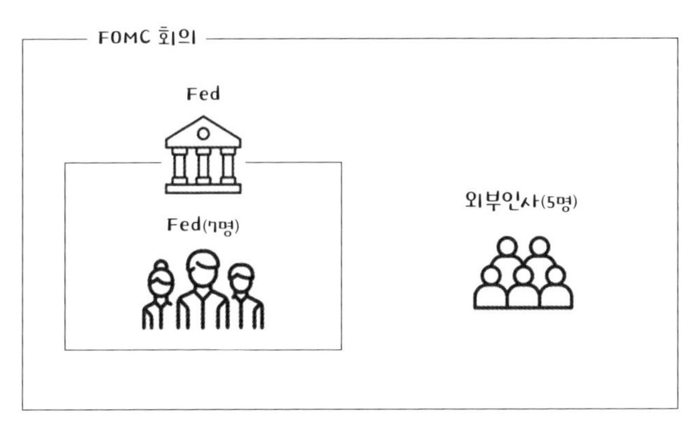

Fed, FRB, FOMC 차이점

기업들의 투자 활동에도 영향을 줍니다. 경제 활동을 하는 사람이라면 반드시 주목해야 하는 소식이 나오는 기관들이니, 역할과 기능에 대해 정확히 이해하는 것이 중요합니다.

Fed(연방준비제도)

Fed는 1913년 설립된 미국의 중앙은행입니다. 정식 명칭은 'Federal Reserve System(연방준비제도)'입니다. 맨 앞의 세 글자를 따와 'Fed' 혹은 '연준'이라고 부릅니다. 종종 FRB나 FRS와 혼동하는 경우가 있지만, 이는 각각 다른 기구를 의미합니다. 'the Fed'라고도 합니다. 연준의 주요 기능은 통화정책 수립과 은행 감독 및 규제 그리고 금융 시스템 안정화입니다. 그러나 무엇보다도 가장 핵심적인 역할은 기준금리를 결정하는 것입니다.

흥미로운 점은 미국 중앙은행인 연준의 역사가 110년으로 비교적 짧다는 점입니다. 중앙은행이 설립되기 전, 미국의 금융 시스템은 개별 은행들이 운영했습니다. 하지만 금융위기가 빈번하게 발생하면서 중앙은행의 필요성이 부각되었고, 결국 연준이 설립되었습니다. 1930년 대공황, 1970년대 고물가와 경기 침체, 2008년 글로벌금융위기 등을 거치면서 연준의 영향력은 점점 커져 현재의 위치에 도달했습니다.

FRB(연방준비제도이사회)

FRB는 연준 내에 있는 이사회 조직입니다. 쉽게 말해, 연준의 최고 의사 결정 기구라 할 수 있습니다. FRB의 정식 명칭은 'Federal Reserve Board'이며, '연방준비제도이사회'라고 부릅니다. FRB는 총 일곱 명의 이사로 구성됩니다. 이들은 모두 미국 대통령이 임명하고 상원의 인준을 거쳐야 합니다. 임기는 14년 단임입니다. 미국 대통령은 4년 임기 동안 최대 두 명의 이사를 임명할 수 있으며, 이사회 의장과 부의장의 인사권도 대통령에게 있습니다.

현재 의장은 2018년 트럼프행정부 1기 당시 대통령이 임명된 제롬 파월(Jerome Powell)입니다. 제롬 파월은 16대 의장으로, 임기가

2022년 2월 종료될 예정이었지만 조 바이든 전 대통령이 연임을 결정하면서 2026년 2월까지 연준 의장으로 재임하게 되었습니다. 연준 의장은 달러를 발행하고 미국의 금리를 결정할 권한을 가지므로, '세계 경제 대통령'으로 불릴 정도로 막강한 영향력을 행사합니다. 따라서 세계 각국의 기업과 정부, 개인들은 연준 의장의 발언에 촉각을 곤두세웁니다.

FOMC(연방공개시장위원회)

FOMC는 연준이 시장의 목소리를 반영하기 위해 만든 별도의 기구로 볼 수 있습니다. FOMC의 정식 명칭은 'Federal Open Market Committee(연방공개시장위원회)'입니다. FOMC는 FRB 이사 일곱 명과 외부 인사 다섯 명으로 구성됩니다. 회의를 통해 미국 경제 상황을 평가하고 통화 공급량과 금리를 결정하여 발표하는 것이 역할입니다. FOMC는 연간 여덟 번의 정기 회의를 개최하며, 필요에 따라 추가 회의를 소집할 수도 있습니다.

회의 결과는 'FOMC 성명서'를 통해 발표되며, 회의록과 경제 전망도 함께 공개됩니다. FOMC 회의 내용이 공개되면 많은 전문가가 이를 기반으로 향후 경제, 금리, 환율 등의 방향을 예측합니다. 'FOMC 회의가 곧 시작된다' 또는 'FOMC 회의가 종료되었다'라는 뉴스를 접하면, 관련 내용을 찾아보며 어떤 발표가 있었는지 주의 깊게 살펴보는 것이 중요합니다. 앞으로의 경제 흐름을 이해하는 데 큰 도움이 되기 때문입니다.

다음 FOMC 일정은 언제일까요?

03 자본주의의 핵심은 시장금리

••••• 우리가 돈을 은행에 맡기면 이자를 받습니다. 채권을 매수해도 이자를 받고, 주식에 투자하면 배당을 받을 수 있으며, 부동산에 투자하면 월세를 받습니다. 물론 직접 돈을 사용해 사업을 시작할 수도 있습니다. 돈을 교육에 투자해 전문 지식이나 기술을 습득하면 높은 소득이 보장되는 직장을 구할 수도 있습니다. 때로는 소비를 통해 편리함과 풍족함을 느낄 수도 있습니다.

이처럼 돈은 활용도가 매우 높습니다. 그래서 '금리'라는 별도의 가격이 붙습니다. 돈을 한 곳에 사용하면, 다른 곳에 사용할 수 없기 때문에 기회를 잃게 됩니다. 따라서 그에 대한 합당한 보상을 지불해야 합니다. 그 보상이 바로 금리인 것입니다. 또한 돈을 잃거나 손해를 볼 가능성도 있습니다. 안전한 은행 예금을 포기하고 더 위험한 선택을 한 만큼 그에 대한 대가 역시 포함되어야 합니다.

게다가 돈은 물가 상승으로 인해 가치가 감소할 수 있습니다. 돈을 빌려주는 사람은 미래에 돌려받을 돈의 가치가 현재와 동일하지 않기 때문에 손해를 볼 수도 있습니다. 이때 물가상승률 이상으로 이자를 받아야 돈의 가치 감소를 보상받을 수 있습니다. 결국 금리는 기회비용, 위험 프리미엄, 그리고 물가 상승에 대한 보상이 모두 고려해 결정합니다.

기준금리를 결정하는 초단기 금리

그렇다면 돈의 가치인 금리는 어떻게 정해질까요? 다양한 상황에서 금리의 기준이 되는 '기준금리'를 바탕으로 결정됩니다. 기준금리는 각국의 중앙은행이 정합니다. 미국은 연준, 우리나라는 한국은행, 중국은 중국인민은행, 일본은 일본은행이 담당합니다. 유럽의 경우 개별 국가의 중앙은행이 아닌 유럽중앙은행(ECB, European Central Bank)이 기준금리를 결정합니다.

기준금리는 일반적으로 은행 간 초단기 자금 거래에서 적용되는 금리입니다. 초단기란 보통 하루 정도의 짧은 기간을 의미합니다. 은행들은 거액의 자금을 주고받는 거래가 많기 때문에 초단기 대출을

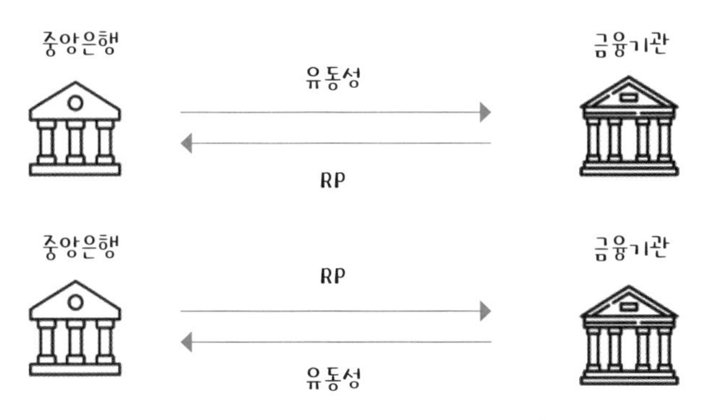

RP를 이용해 시장 금리를 움직이는 중앙은행

통해 일시적인 자금 부족을 보충하기도 합니다. 반대로 여유 자금을 초단기로 빌려주기도 합니다. 각국의 중앙은행은 이러한 초단기 대출을 활용하여 기준금리를 조절합니다.

한국은행은 환매조건부증권(RP)이라는 금융거래 방식을 이용합니다. 환매조건부증권은 먼저 자금을 공급하고, 정해진 기간 후에 다시 회수하는 방식의 금융거래입니다. 한국은행이 은행에 자금을 빌려줄 때 적용하는 이율을 조절하여 기준금리를 시장에 반영합니다. 한국은행에서 조달한 자금을 기반으로 운영하는 금융기관들은 여러 비용을 고려하여 예금 및 대출 금리를 결정합니다. 참고로 한국은행은 기준금리를 매년 여덟 번 결정하고 있습니다.

미국 기준금리의 방향을 나타내는 점도표

세계 경제에 가장 큰 영향을 미치는 것은 미국의 기준금리입니다. 따라서 미국의 기준금리 방향은 언론에서 자주 다룹니다. 이때 자주 등장하는 표가 바로 점도표(dot plot)입니다. 점도표는 FOMC 회의 후 발표되는 자료 중 하나로, FOMC 위원들의 개별적인 금리 예상치를 점으로 나타낸 표입니다. 열두 명의 위원이 향후 3년 이내와 그 이후 장기 금리에 대한 예상 수준을 점으로 표시합니다.

점도표를 통해 열두 명의 위원이 금리에 대해 어떻게 전망하는지와 그 방향성을 확인할 수 있습니다. 미국 기준금리는 FOMC 위원들의 투표를 통해 결정합니다. 따라서 이들이 금리를 어떻게 예상하는지가 매우 중요합니다. 또한 특정 금리 수준에 점이 집중되어 있는 경우, 다수의 위원이 해당 수준을 예상하고 있음을 의미합니다. 이는 시장에 금리 수준과 방향을 미리 예측할 수 있는 단서를 제공합니다. 물론 열두 명의 예상 방향이 반드시 그대로 반영되는 것은 아닙니다. 경제 상황에 따라 얼마든지 바뀔 수 있습니다.

중립금리

미국 기준금리 방향을 결정할 때 자주 언급되는 중요한 개념이 있습니다. 바로 중립금리(neutral rate)입니다. 중립금리는 경제가 안정적인 고용 수준과 적정한 인플레이션을 유지할 수 있는 이상적인 금리 수준을 의미합니다. 이는 경제를 과열이나 침체라는 극단적인 상황으로 몰아가지 않으며, 균형 잡힌 성장을 가능하게 합니다. 따라서 연준 위원들뿐만 아니라, 많은 경제 전문가와 학자 들이 중립금리에 대해 끊임없이 논의합니다.

그러나 중립금리에는 정답이 없습니다. 중립금리는 경제적 상황에 따라 변동합니다. 국제 경제 환경과 생산성 변화, 인구 증가율 그리고 기술 혁신 등 다양한 요인의 영향을 받습니다. 또한 개인이 체감하는 금리는 다를 수 있습니다. 예를 들어 대출을 많이 받은 사람에게는 고금리가 부담스럽지만, 대출이 없는 사람에게는 높은 이자가 오히려 유리할 수 있습니다. 결국 모든 경제 주체를 고려하여 균형을 맞추는 것은 매우 어려운 과제입니다.

그래서 중립금리를 정확히 달성하기란 거의 불가능합니다. 사실상 이론적으로만 존재하는 이상적인 금리 수준입니다. 과거에도 중립금리 설정에 실패하여 경제가 어려워진 사례가 있었습니다. 그럼에도 불구하고 연준은 중립금리를 목표로 금리 정책을 결정합니다. 물가상승률, 경제성장률, 실업률 등의 다양한 지표를 고려하여 최선의 선택을 하려는 노력을 지속하고 있습니다.

현재 연준이 목표로 하는 중립금리는 몇 %일까요?

04 시장금리는 끊임없이 요동친다!

••••• 중앙은행이 정한 기준금리는 시장금리에 영향을 줍니다. 그러나 시장금리는 기준금리의 방향과 관계 없이 움직일 수도 있습니다. 기준금리가 설정되더라도 시장이 다르게 반응하는 경우가 많습니다. 이는 마치 교통을 통제하더라도 차량 정체나 사고가 발생하는 것과 같은 현상입니다. 기준금리는 말 그대로 '기준'일 뿐입니다. 법적으로 강제할 수 없습니다. 이는 시장금리가 금융시장에서 수요와 공급에 의해 결정되기 때문입니다.

실제로 기준금리와 시장금리가 서로 다른 방향으로 움직인 사례가 존재합니다. 2008년 금융위기 당시, 연준이 기준금리를 급격히 인하했음에도 불구하고 시장금리는 하락하지 않았습니다. 금융시장이 얼어붙어 금융기관들이 대출을 기피했기 때문입니다. 이에 연준은 '긴급 유동성 지원 프로그램'을 통해 위기에 처한 금융기관에 직접 자금을 공급했습니다. 이 조치는 금융시장을 안정시키는 데 기여했다는 평가를 받았지만, 민간 금융기관의 손실을 국민의 세금으로 보전했다는 점에서 비판도 피할 수 없었습니다.

반면 연준이 2004년부터 2006년 사이에 기준금리를 인상했을 때 시장금리는 기대만큼 상승하지 않았습니다. 2000년대 중반 아시아와 중동의 여러 국가가 미국 국채를 대량 매수했기 때문입니다. 특히 급성장한 중국이 미국 국채를 가장 많이 매입하면서 세계 자금이 미국으로 대거 유입되었습니다. 이에 따라 시장금리는 상승 압력을 받지 않았습니다. 이처럼 기준금리와 시장금리는 반드시 같은 방향으로 움직이지 않습니다.

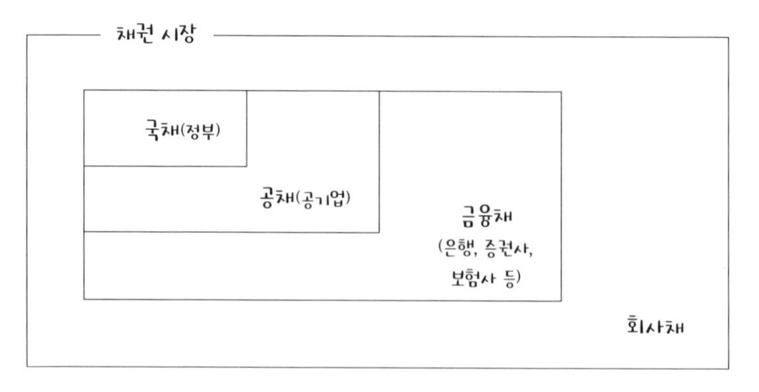

다양한 종류의 채권

시장금리의 기준이 되는 채권시장

시장금리는 금융시장에서 자금의 수요와 공급에 따라 결정됩니다. 돈이 필요한 기관과 자금을 빌려줘서 수익을 창출하려는 투자자들이 만나는 시장이 있습니다. 바로 채권시장입니다. 채권을 발행한 기업이나 금융기관 등은 일정 기간 동안 투자자로부터 자금을 빌리고, 원금과 정해진 이자를 지급합니다. 즉, 돈이 필요한 기관은 자금을 조달하고 투자자들은 일정 기간 동안 이자(수익)와 원금을 받게 되는 것입니다.

채권시장은 자금 조달과 운용이 원활하게 이루어지는 중요한 시장이므로, 다양한 기관들이 채권을 발행하여 자금을 조달합니다. 그중 가장 대표적인 것이 중앙 정부가 발행하는 국채입니다. 또한 한국전력공사, 한국토지주택공사(LH) 등 공공기관이 발행하는 공채와 지방자치단체가 발행하는 지방채도 존재합니다. 중앙 정부, 지방자치단체, 공공기관, 공기업이 자금 조달을 위해 발행하는 채권을 통칭하여 '국공채'라고 부릅니다.

국공채는 비교적 안전한 투자처로 간주됩니다. 국가가 원금과 이자 지급을 보장하기 때문에 신용도가 매우 높기 때문입니다. 따라서 많은 투자자가 국공채를 선호합니다. 2023년 3분기 기준 우리나라 채권시장의 규모는 2,800조 원을 넘어섰습니다. 같은 기간 주식시장인 코스피의 시가총액인 2,600조 원보다도 큰 규모입니다. 사실상 우리가 가입한 예금과 적금, 보험이나 연금 등의 금융상품도 다양한 채권에 투자하고 있습니다. 우리는 간접적으로 이미 채권에 투자하고 있는 것입니다.

시장금리의 형성: 금융채와 회사채

채권시장에서는 민간 기업들도 채권을 발행하여 자금을 조달합니다. 금융채는 은행, 증권사, 보험사 및 기타 금융기관들이 자금을 조달하기 위해 발행하는 채권입니다. 금융채는 비교적 안전한 투자처이지만, 국공채보다는 신용 위험이 높습니다. 따라서 금리도 국공채보다는 높고 투자자들에게도 더 많은 이자를 제공합니다. 금융채의 금리는 자연스럽게 국공채 금리를 기준으로 바뀌는데, 투자자들은 수익성과 안정성 사이에서 선택을 하게 됩니다.

금융채는 금융기관의 자금 조달과 직결되는 만큼 대출금리에 직접적인 영향을 미칩니다. 금융기관은 사무실 임대료, 직원 급여 및 각종 운영 비용을 충당하고 이익을 창출해야 합니다. 이를 위해 금융기관은 채권을 통해 조달한 자금의 이자율보다 개인과 기업에게 더 높은 금리를 적용해야 합니다. 결국, 채권시장의 금리 변동에 따라 우리가 체감하는 대출금리도 자연스럽게 변하게 됩니다.

기업들도 자금을 조달하기 위해 회사채를 발행합니다. 일반적으로 회사채는 금융채보다 신용 위험이 높습니다. 물론 개별 금융기관과 기업의 신용등급에 따라 채권 금리는 모두 다르게 결정됩니다. 높은 이익과 풍부한 자산을 보유한 기업이나 금융기관은 낮은 금리로도 채권을 발행할 수 있으며, 투자자들의 관심을 끌기 쉽습니다. 반면, 신용도가 낮은 금융기관이나 기업은 투자자들의 관심을 얻기 위해 상대적으로 높은 금리를 제공해야 합니다.

이처럼 채권을 발행하는 기관의 신용도에 따라 개별 채권 금리가 달라지면서 시장금리가 형성됩니다. 또한 경제 상황에 따라 시장금리의 변동성도 커집니다. 경제가 호황일 때는 투자자들이 수익성이 높은 기업 채권에 관심을 가지지만, 경기 침체기에는 비교적 안전한 국채나 금융채에 대한 선호도가 높아집니다. 즉, 경제 환경 변화에 따라 투자자들이 중요하게 고려하는 요소가 달라지면서 시장금리도 함께 변동하게 되는 것입니다.

현재 시장금리는 어느 정도일까요?

05 경제 예측의 정석, 물가

•••••　경제를 예측할 수 있는 중요한 지표 중 하나가 바로 '물가'입니다. 일반적으로 경제 활동이 활발할수록 물가는 상승합니다. 경제가 호황이면 상품이나 서비스에 대한 수요가 증가하기 때문입니다. 그러나 물가가 과도하게 오르면 소비자들이 부담을 느끼고 소비를 줄이게 됩니다. 기업들도 비용 부담이 커져 생산과 투자를 줄이면서, 실업률이 증가할 가능성이 높아집니다.

반대로 경제 활동이 둔화하면 물가는 하락합니다. 언뜻 보면 물가 하락이 긍정적인 현상처럼 보일 수 있지만, 반드시 그렇지는 않습니다. 생산량이 일정한 상태에서 경제가 어려워지면 수요가 감소하면서 창고에 재고가 쌓입니다. 기업들은 제품을 더 낮은 가격에 판매할 수밖에 없습니다. 장기적인 물가 하락, 즉 디플레이션은 경제에 부정적인 영향을 미칠 수 있습니다. 개인들은 소비를 미루고, 기업들은 투자와 생산을 줄이면서 경제 성장세가 둔화할 위험이 커집니다.

물론 물가 하락이 긍정적일 때도 있습니다. 기술 발전으로 인해 생산 원가가 절감되는 경우입니다. 이럴 때는 가격이 하락하더라도 수요가 증가하고, 생산자는 원가 절감을 통해 여전히 수익을 창출할 수 있습니다. 이는 소비자와 기업 모두에게 이익이 되는 이상적인 상황입니다. 이처럼 물가 변동은 경제 흐름을 파악하는 중요한 지표입니다. 물가에도 다양한 종류와 지표가 존재하므로, 이에 대해 자세히 알아보겠습니다.

소비자물가지수

소비자물가지수(CPI, Consumer Price Index)는 경제 활동을 예측하는 대표적인 지표로, 경제 뉴스에서 가장 자주 언급됩니다. 식료품, 주거, 의료, 교통, 교육 등 다양한 상품 및 서비스의 가격 변동을 종합하여 계산하며, 매달 발표됩니다. 우리나라에서는 통계청이 이를 조사하여 발표합니다. 예를 들어 1월 CPI가 발표되면 작년 같은 달과 비교하여 몇 %p 상승했는지를 확인할 수 있습니다.

세계 각국의 중앙은행과 정부는 소비자물가지수를 기반으로 금리 및 금융 정책을 결정합니다. 여기서 중요한 점은 현재 물가가 목표 물가에 대비해 어느 정도인지 비교하는 것입니다. 물가가 목표보다 높으면 중앙은행은 금리 인상과 긴축 정책을 통해 물가를 안정시키려 합니다. 반대로, 물가가 목표보다 낮다면 금리 인하 또는 경기 부양 정책을 시행할 가능성이 큽니다. 물가의 흐름을 살펴보면 각국의 정부 정책을 어느 정도 예측할 수 있습니다.

현재 미국의 소비자 물가 목표치는 2%입니다. 물가상승률이 2%를 초과하면 금리 인상이나 긴축 정책을 통해 물가 안정 조치를 취합니다. 반대로 물가가 2%보다 낮다면, 금리 인하나 양적완화 정책을 통해 경기를 부양하고 물가 상승을 유도합니다. 참고로 연준의 물가 목표치는 경제 상황에 따라 바뀔 수 있습니다. 따라서 연준이 설정한 물가 목표치를 확인하고, 현재 CPI가 목표 대비 어느 수준인지 분석하는 것이 중요합니다.

핵심물가지수

소비자물가지수에는 단점이 존재합니다. 농산물과 에너지 가격은 계절적 요인이나 외부 요인으로 인해 일시적으로 급격히 변하는 경우가 많습니다. 이러한 가격 변동은 중앙은행과 정부가 통화량 조절이나 정책으로 해결할 수 없습니다. 그래서 통화량으로 조절할 수 없는 농산물과 에너지 가격을 제외한 핵심물가지수(Core CPI)를 별도로 조사하여 발표하고 있습니다. 핵심물가지수는 '근원 인플레이션'이라 불리기도 합니다.

핵심물가지수를 도입한 이유는 보다 정확한 분석을 기반으로 정책을 수립하기 위해서입니다. 외부 요인을 제외한 만큼 중앙은행과 정부가 조절할 수 있는 여지도 있습니다. 예를 들어 일시적인 생산 부족이나 수입 감소, 과도한 세금 부과 또는 물류 운송 차질 등으로 발생하는 가격 상승은 정부 정책으로 일정 부분 해결할 수 있습니다. 핵심물가지수를 분석하면 이러한 문제를 찾아내고 해결하는 데 도움을 줄 수 있습니다.

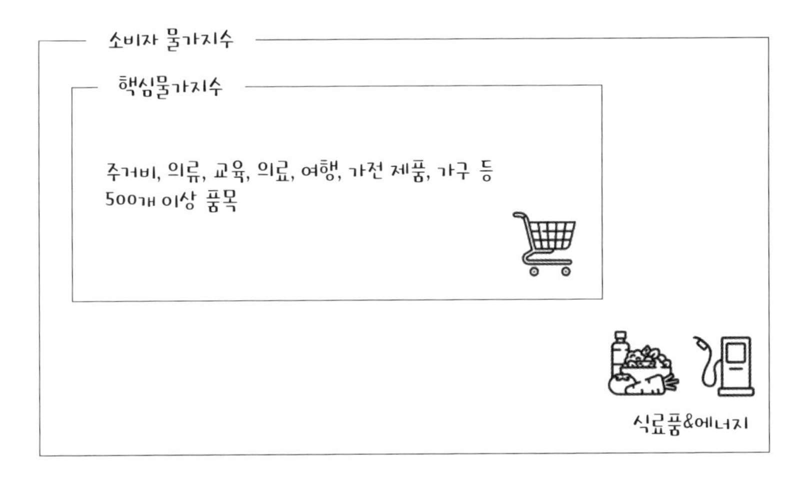

소비자 물가지수와 핵심물가지수 차이

기대 인플레이션(인플레이션 기대심리)

기대 인플레이션(Inflation Expectations)은 사람들이 앞으로의 물가 변화를 어떻게 예상하는지를 나타냅니다. 앞서 살펴본 두 지표는 실제 시장을 조사한 자료입니다. 반면 기대 인플레이션은 시장 참여자들이 물가가 앞으로 어떻게 변할지를 조사한 지표입니다. 경제의 방향성은 시장 참여자들의 심리도 중요한 영향을 미치기 때문입니다. 만약 물가가 이미 상승한 후에야 대처한다면, 정책 대응이 늦어질 수 있습니다.

실제로 시장 참여자들이 물가 상승을 예상하면 노동자들은 더 높은 임금을 요구하고, 기업들은 제품 가격을 미리 인상합니다. 심리적 요인만으로도 인플레이션이 더욱 가속화할 수 있습니다. 때로는 시장 참여자들의 심리가 경제를 예상치 못한 방향으로 끌고 가기도 합니다. 그래서 각국의 중앙은행과 정부는 기대 인플레이션을 정책 결정에 참고해 이를 바탕으로 정책 방향을 설정하고 발표합니다.

미국에서는 미시간대학교에서 매월 기대 인플레이션 지수를 발표합니다. 소비자들이 향후 1년과 5년 동안의 물가상승률을 어떻게 예상하는지를 조사하여 반영하는 것입니다. 우리나라도 한국은행에서 매월 전국 56개 도시의 2,200가구를 대상으로 조사를 실시하고 있습니다. 각국의 정부는 인플레이션 심리를 관리하기 위해 많은 노력을 기울이고 있습니다.

물론 물가 예측에서 가장 중요한 것은 앞으로의 방향성입니다. 물가를 기준으로 경제 상황을 예측하고 이에 대비하는 것이 필요합니다. 다행히 물가에 대한 분석은 공식적인 지표 발표보다 실생활에서 직접 체감하는 것이 더욱 정확할 때가 많습니다. 우리는 자주 방문하는 주유소, 마트, 시장, 배달 음식 등을 통해 물가 변화를 피부로 바로 느낄 수 있습니다.

지금 여러분이 체감하는 물가는 어떤가요?

06 경제의 방향과 속도가 보이는 소비와 생산

••••• 자전거가 앞으로 나아가기 위해서는 앞바퀴와 뒷바퀴가 모두 원활하게 작동해야 합니다. 경제라는 거대한 자전거도 생산과 소비라는 두 바퀴가 균형을 이루어야 넘어지지 않고 지속적으로 성장할 수 있습니다. 만약 자전거의 한쪽 바퀴에 바람이 빠진 상태라면, 페달을 아무리 세게 밟는다고 한들 자전거가 제대로 나아갈 수 있을까요? 당연히 평소보다 속도가 느려지거나 쉽게 넘어질 수 있습니다. 경제도 마찬가지입니다.

물론 경제에서 소비와 생산이라는 두 바퀴는 서로 다른 역할을 수행합니다. '소비'는 앞바퀴의 역할을 하며, 경제의 방향을 결정합니다. 소비자가 재화나 서비스를 구매할 때 시장에서 수요가 발생합

경제 자전거의 방향과 속도

니다. 기업들은 이러한 수요를 바탕으로 생산과 투자 그리고 고용을 결정합니다. 결국 소비가 증가하는 방향으로 경제의 흐름이 이동하게 되는 것입니다. 이러한 이유로 정부와 경제 전문가들은 소비를 촉진할 방법을 끊임없이 고민합니다.

'생산'은 자전거의 뒷바퀴처럼 경제 성장의 속도를 결정하는 역할을 합니다. 자전거는 페달을 강하게 밟을수록 속도가 빨라지고, 가파른 언덕도 넘어갈 수 있습니다. 경제도 기업, 가계, 정부가 생산이라는 뒷바퀴의 페달을 꾸준히 밟아야 원활히 작동합니다. 그래서 정부와 경제 전문가들은 생산성을 높이고 경제 성장의 속도를 높이는 것을 고민합니다. 소비와 생산, 이 두 요소를 면밀히 분석하면 경제의 방향성과 성장 속도를 파악할 수 있습니다.

구매관리자지수

구매관리자지수라고도 하는 PMI(Purchasing Manages' Index)는 제조업과 서비스 기업들이 경제 상황을 어떻게 평가하는지를 나타내는 지표입니다. 이 지수는 매달 기업의 이들은 대상으로 실시하는 설문 조사를 기반으로 합니다. 구매 관리자들은 산업 상황이 개선될 것으로 보이면 필요한 원자재와 상품을 더 많이 구매합니다. 반대로 산업 상황이 나빠질 것으로 예상되면 필요한 원자재와 상품 주문을 늦추거나 신중하게 결정합니다.

PMI는 경제의 최전선에 있는 기업이 체감하는 경기를 반영하는 지표입니다. PMI 지수 값이 50 이상이면 산업 활동이 확장되고 있음을 의미하며, 50 미만이면 축소되고 있다고 봅니다. 참고로 제조업과 비제조업이 별도로 조사되어 발표됩니다. 우리나라는 제조업 강국인 만큼 제조업 PMI 지수가 특히 자주 언급됩니다.

생산자물가지수

생산자물가지수, 즉 PPI(Producer Price Index)는 기업들이 체감하는 물가 수준을 나타내는 지표입니다. 기업들이 생산에 필요한 원자재와 부품, 인건비 등의 비용 변동을 측정하여 산출됩니다. 기업들의 생산비가 증가하면 판매 가격을 올려야 합니다. 판매 가격이 상승하면 소비자가 체감하는 물가도 오릅니다. 따라서 생산자 물가지수는 소비자 물가의 변동 방향을 예측하는 선행 지표 역할을 합니다.

또한 생산자물가가 상승하면 기업들의 경영 환경이 악화됩니다. 생산비가 증가하더라도 판매 가격을 마음대로 올릴 수 없는 경우가 많습니다. 가격을 인상하려 하면 소비자들의 반발과 정부의 규제가 뒤따를 수 있습니다. 물론 판매 가격을 올리는 것도 문제입니다. 가격이 상승하면 소비자들이 지출을 줄이고, 이는 기업의 매출 감소로 이어집니다. 이러한 상황이 지속되면 기업들은 구조 조정을 단행할 가능성이 높아지며, 심각한 경우에는 파산할 수도 있습니다.

개인소비지출

PCE(Personal Consumption Expenditures)로도 불리는 개인소비지출은 미국 내 개인이 소비한 모든 재화와 서비스에 대한 지출을 측정하는 지표입니다. 소비 패턴과 성장 추세를 파악하는 데 매우 유용합니다. 참고로 2023년 12월 미국의 개인 소비 지출은 GDP의 약 68.2%를 차지했습니다. 소비가 차지하는 비중이 큰 만큼, 소비는 미국 경제의 핵심 성장 동력입니다. 이는 미국에 수출하는 우리나라 기업들에게도 매우 중요한 지표입니다.

PCE는 소비 동향을 분석하는 지표인 만큼 연준이 금리 정책을 결정할 때도 참고합니다. 이때는 'PCE 물가지수'를 별도로 계산합니다. PCE 물가지수는 소비자의 실제 구매 패턴 변화를 반영하여 인플레이션을 측정하는 지표입니다. 이는 정부가 특정 품목을 정하여 조사하는 인플레이션 지수와 차이가 발생할 수 있습니다. 따라서 연준은 PCE 물가지수도 참고하여 금리 방향을 결정합니다.

현재 경제의 생산과 소비라는 두 바퀴는 원활하게 작동하고 있을까요?

경제적 안목을 키우는 GDP

••••• 경제 뉴스를 보면 미국과 일본, 중국과 유럽 그리고 우리나라의 국내총생산, 즉 GDP(Gross Domestic Product)가 자주 언급됩니다. 국가 경제력을 나타내는 핵심 지표이기 때문입니다. 일정 기간 동안 한 국가에서 생산된 모든 상품과 서비스의 가치를 측정하는 GDP는 국가 단위를 기준으로 하는 지표입니다. 따라서 국내에 거주하는 외국인이 생산한 최종 생산물이 포함되지만, 외국에 거주하는 한국인이 생산한 최종 생산물은 포함되지 않습니다.

일반적으로 GDP가 증가하면 경제가 성장하고 있다고 평가합니다. 경제 성장은 고용 증가, 소비 확대, 기업 투자 활성화 등 긍정적인 경제 활동을 의미합니다. 반대로, GDP가 감소하면 경제가 축소되고 있다고 평가되며, 이는 곧 불황을 뜻합니다. GDP를 분석하면 주식 시장, 특정 산업의 성장 가능성, 국가 경제 방향을 예측할 수 있습니다. 경제 전체의 흐름을 파악하는 안목도 키울 수 있습니다.

나라 살림을 한눈에 보여주는 '국내총생산에 대한 지출'

GDP는 다양한 방식으로 계산되고, 발표됩니다. 우리가 가장 많이 접하는 방식은 지출 기준 방식입니다. 국내에서 생산된 재화와 서비스는 민간과 정부가 소비합니다. 특정 산업에 필요한 경우에는 투자를 통해 자본으로 활용합니다. 물론 국내를 넘어 해외로 수출하기도 합니다. 만약 소비와 투자가 이루어지지 않으면, 향후 판매를 위해 창고에 재고로 보관합니다.

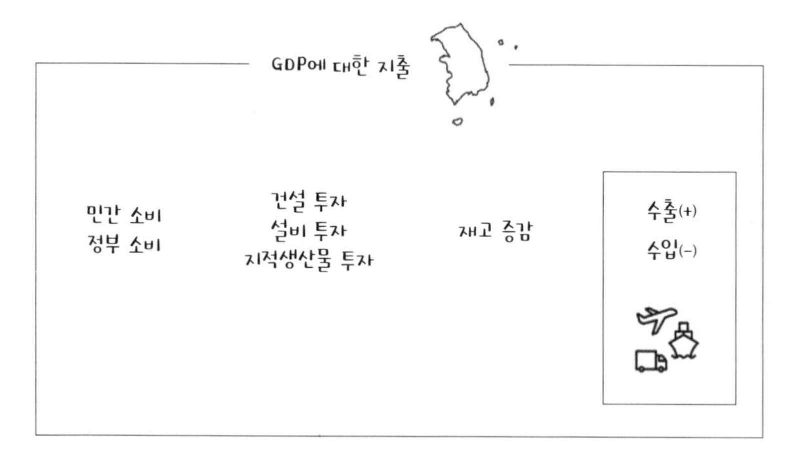

GDP에 대한 지출

GDP는 이 항목들의 변화를 모두 합산하여 산출됩니다. 국내에서 민간과 정부가 소비한 항목을 더하고, 국내에 투자된 항목을 포함합니다. 그리고 재고의 증가와 감소를 반영한 다음 수출을 추가하면 됩니다. 마지막으로 국내에서 생산되지 않은 수입 항목을 제외하면 최종적인 GDP가 산출됩니다. 사실 GDP 자체를 계산하는 것은 일반인에게 크게 중요하지 않습니다. 하지만 GDP를 구성하는 항목과 그 의미를 이해하는 것은 매우 중요합니다.

지출을 기준으로 GDP를 분석하는 이유는 현재 경제 상황을 보다 정확히 진단하고 이에 대응하기 위해서입니다. 정부와 기업은 소비가 증가하고 투자가 확대되고 있는지, 재고가 과도하게 쌓이지는 않았는지, 수출이 증가하는지 등을 면밀히 분석해야 합니다. 정부는 경제의 부족한 부분을 보완하려 할 것이며, 기업은 성장 가능성이 높은 분야로 진출하고자 할 것입니다. 물론 이러한 거시적인 흐름은 개인의 일자리와 투자 방향에도 당연히 큰 영향을 미칠 것입니다.

미래를 내다보는 안목을 키우는 소비와 투자

경제를 보는 안목을 키우기 위해서는 소비와 투자를 면밀히 살펴봐야 합니다. 이는 소비와 투자를 통해 미래 경제 상황을 예측할 수 있기 때문입니다. 그렇다면 같은 돈을 지출하는 행위인데, 투자와 소비는 어떻게 구분할 수 있을까요? 이는 지출의 목적에 따라 구분됩니다. 투자는 미래에 더 큰 소득을 기대하고 이루어지는 지출이며, 소비는 현재 생활을 유지하기 위한 지출입니다.

언뜻 보면 투자가 더 중요해 보일 수 있지만, 시장의 수요를 파악할 수 있는 소비 역시 경제에서 매우 중요한 요소입니다. 사람들은 소득이 증가하거나, 증가할 것으로 예상되면 소비를 확대합니다. 소득이 증가했거나 증가가 기대되면 더 고급스러운 식당을 방문하고 더 좋은 자동차를 구매하며, 비싼 의류를 구입하거나 해외여행을 계획할 것입니다. 반대로, 소득이 감소하거나 줄어들 가능성이 높아지면 소비를 줄이고 미래를 대비하는 방향으로 행동합니다.

투자 역시 마찬가지입니다. 예를 들어 어떤 식당의 손님이 꾸준히 증가하면 추가 직원을 채용하고 매장을 확장하거나, 2호점 개점을 고려할 것입니다. 즉 투자가 증가합니다. 반대로 손님이 지속적으로 줄어들면 기존 직원을 감축하고 매장 규모를 줄이며, 운영 시간을 단축하여 비용을 절감하려 할 것입니다. 투자를 줄이는 것입니다. 이러한 흐름은 동네의 작은 식당부터 굴지의 대기업에게까지 동일하게 적용됩니다.

GDP를 통해 알 수 있는 투자 정보

투자는 크게 건설 투자와 설비 투자, 지적 재산 생산물 투자로 구분됩니다. 건설 투자는 상업, 의료, 교육 등 비거주용 목적으로 새로운 건물을 짓거나 기존 건물을 개·보수하기 위해 지출한 비용을 의미합니다. 설비 투자는 기업이 사업 운영을 위해 기계, 장비, 차량 등에 지출하는 비용입니다. 지적 재산 생산물 투자는 소프트웨어, 연구 개발, 예술 등 기술 및 창작 활동에 대한 투자입니다.

투자는 유형별로 구분되지만 그 중요성은 모두 다릅니다. 건설 투자는 사회 인프라와 직결됩니다. 도로, 공항, 의료 서비스 등은 안정적인 경제 활동을 위한 필수 요소입니다. 설비 투자는 생산성을 높이고 기업의 경쟁력을 강화하는 데 기여합니다. 지적 재산 생산물 투자는 미래 기술과 혁신에 대한 투자로, 새로운 산업과 기업을 탄생시킬 수 있는 기반이 됩니다. 어느 분야에 투자가 집중되고 있는지를 파악하면 향후 경제의 흐름을 예측하는 데 도움이 될 수 있습니다.

현재 우리나라 GDP는 소비, 투자, 수출 등이 균형 있게 성장하고 있을까요?

08 경기를 알면 돈의 흐름이 보인다

사람들이 '경기가 좋다' 혹은 '경기가 안 좋다'라고 이야기 합니다. 경제라는 용어도 있는데 '경기'라는 단어도 함께 사용합니다. 비슷한 느낌이 들지만 약간의 차이가 있습니다. 바로 활동과 흐름의 차이입니다. 경제는 생산과 분배 그리고 소비의 활동을 나타냅니다. 반면 '경기(business cycle)'는 경제 활동의 흐름이 어디로 향하고 있는지 나타냅니다. 경기는 시간에 따라 경제가 변하는 큰 흐름을 의미합니다.

경기 흐름은 사계절의 변화와 비슷하게 '확장기(expansion)' '정점(peak)' '수축기(contraction)' '저점(trough)' 이렇게 네 단계로 나뉩니다. 더 세분화하면 '회복기'와 '후퇴기'도 포함됩니다. 확장기에는

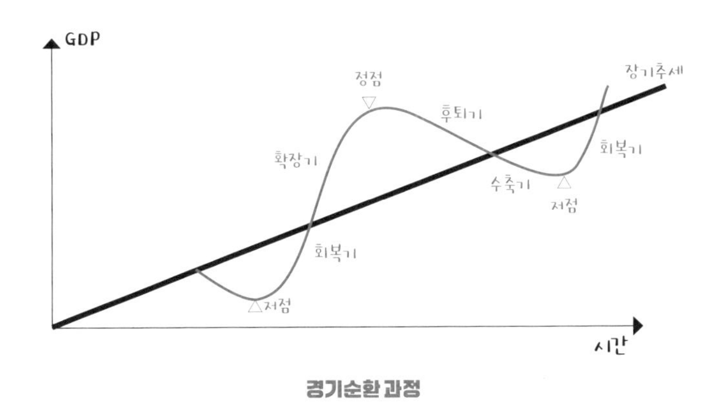

경기순환 과정

경제 활동 증가로 생산과 고용이 증가합니다. 이는 생명이 자라나는 봄이라 할 수 있습니다. 경제 활동이 최고조에 달하고, 자산 시장도 과열 양상을 보이면서 정점에 도달합니다. 여행을 떠나고 활동이 많은 여름과 비슷합니다.

정점을 지나면 경제 활동이 후퇴하는 수축기에 들어갑니다. 경제 엔진이 서서히 식으면서 경제 성장이 멈춥니다. 날씨가 서늘해지는 가을을 거쳐 찬 바람이 부는 겨울로 들어갑니다. 수축기가 지속되면 경제가 하락을 멈추고 저점에 도달합니다. 자연의 동식물들이 겨울 동안 성장을 준비하는 모습과 비슷합니다. 저점을 지나면 다시 봄을 준비하는 것처럼 경제는 서서히 회복합니다.

경기의 흐름을 읽는 기준

이처럼 경기의 흐름은 마치 봄, 여름, 가을, 겨울의 변화와 같습니다. 우리는 각종 경제 지표와 뉴스를 통해 지금 어느 계절인지, 다음 계절은 언제 찾아올지 알아야 합니다. 그래야 날씨에 맞는 적절한 옷을 입고 나가듯이, 앞으로 경제 활동을 준비할 수 있습니다. 또한 제철 과일이나 채소를 맛있게 먹는 것처럼 시기에 맞는 투자를 통해 수익을 올릴 수 있습니다. 그렇다면 경기의 흐름은 어떻게 읽을 수 있을까요?

바로 경제 지표를 '선행지수' '동행지수' '후행지수'로 구분하여 흐름을 읽으면 됩니다. 선행지수는 앞으로 경제 변화를 미리 읽을 수 있는 지표입니다. 대표적으로 주택 착공 건수, 신규 주문, 주식시장 등이 있습니다. 동행지수는 현재의 경제 상황을 나타냅니다. 이에 해당하는 지표로는 산업 생산, 고용률, 소매 판매 등이 포함됩니다. 후행지수는 경제 활동이 변한 후에 나오는 지표입니다. 예를 들어 실업률, CPI, 기업 부채 등이 있습니다.

경제 지표를 구분할 때는 선행지수와 후행지수를 판단하는 게 중요합니다. 시장에 이미 반영되었는지, 앞으로 반영될 지표인지 명확하게 구별해야 하는 것입니다. 코로나19 발생 이후 주가가 먼저 급락하고 실업률이 폭등한 적이 있습니다. 일부 사람들은 높은 실업률을 근거로 경제가 어려우니 주가가 더 떨어질 것으로 생각했습니다. 하지만 결과는 정반대로 흘러갔습니다. 후행지수를 기준으로 경제를 예측하는 실수를 범해 잘못된 판단을 한 것입니다.

경기의 맥을 잡는 재고율

재고율은 경기 변화를 쉽게 알 수 있는 지표입니다. 재고율이 꾸준히 상승한다면 수요가 감소하고 있다는 뜻입니다. 이는 경기 침체의 신호입니다. 기업들은 생산을 줄이고, 재고를 빠르게 판매하여 현금을 확보하려고 노력합니다. 창고에 오래 보관할수록 가치는 하락하고, 보관 비용이 발생하기 때문입니다. 만약 팔리지 않아 폐기해야 한다면, 추가적인 손해와 비용이 발생합니다. 이로 인해 기업들은 경쟁적으로 할인 판매를 하게 됩니다.

반대로 재고율이 꾸준히 하락하면 수요가 증가하고 있음을 나타내며, 이는 경기 상승의 신호입니다. 재고율이 하락하면 기업들은 늘어난 수요를 맞추기 위해 생산 시설을 확충합니다. 문제는 생산 시설을 단기간에 늘릴 수 없다는 점입니다. 그 사이에 상품 가격은 계속 상승합니다. 이때 먼저 생산 시설을 갖춘 기업이 시장을 빠르게 선점할 수 있기 때문에 기업들은 경쟁적으로 투자에 나섭니다. 결국 경기가 활기를 띠게 됩니다.

경기 상황을 나타내는 지표는 하루가 멀다 하고 여기저기서 쏟아집니다. 여러 전문가가 다양한 해석을 내놓기도 합니다. 하지만 정보가 너무 많아 혼란을 주기도 하고, 잘못된 해석이 난무하기도 합니다. 이럴 때일수록 확실한 기준을 세워야 합니다. '지금 경기가 어디쯤 왔을까?' '앞으로 어디로 갈까?'라는 질문을 중심으로 판단해야 합니다. 그리고 현재의 숫자가 이미 반영된 것인지, 앞으로 반영될 것인지 고려해야 합니다. 그래야 정보의 홍수 속에서 올바른 방향을 잡을 수 있습니다.

지금 경제는 어느 계절을 지나고 있나요?

09 경제의 나침반, 환율

국내 경제의 위치와 방향을 실시간으로 나타내는 나침반이 있습니다. 바로 환율입니다. 세계 경제와 무역 그리고 투자 등은 대부분 달러로 이루어집니다. 우리나라의 경제는 수출 비중이 높고 원자재 수입도 많아 환율 변화에 민감합니다. 환율 변화는 기업 실적, 외국인 투자, 소비자 물가 등에 바로 반영됩니다. 우리의 일상과 자산 시장에도 큰 영향을 줍니다. 따라서 환율을 이해하면 국내 경제의 위치와 방향을 파악하는 데 큰 도움이 됩니다.

환율의 장점이 또 있습니다. 나침반과 비슷하게 실시간으로 확인할 수 있는 지표라는 점입니다. 물가, 금리, 실업률, GDP 등은 일정 시간이 지난 후에 발표됩니다. 전문가들만이 이러한 정보를 미리 알

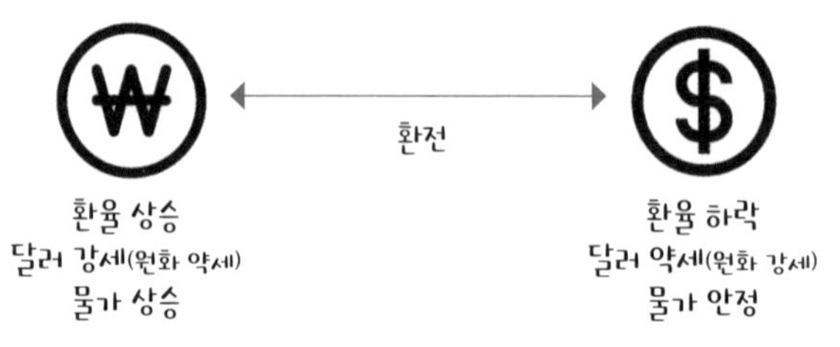

환율과 물가 관계

고 움직입니다. 하지만 환율은 누구나 실시간으로 조회할 수 있습니다. 이는 전문가 집단과 동등한 수준으로 접근할 수 있는 몇 안 되는 지표 중 하나입니다. 환율 나침반을 활용하면 경제의 위치와 방향을 그들 못지않게 빠르게 파악할 수 있습니다.

환율은 유용한 지표이지만, 예측하는 것은 매우 어렵습니다. 환율은 연준의 금리 방향, 미국의 정책, 국제 외교 변화 등 다양한 변수에 따라 변동합니다. 수학 공식처럼 대입하여 정답을 찾을 수 있는 개념이 아닙니다. 따라서 어느 전문가도 환율을 정확히 예측하기는 어렵습니다. 중요한 것은 환율의 흐름을 이해하고 앞으로의 변화를 예측하는 훈련을 하는 것입니다. 그래야 환율 나침반을 활용해 경제라는 바다에서 방향을 잃지 않을 것입니다.

환율 나침반 사용법

환율 나침반을 활용하기 위해서는 기준을 명확히 설정해야 합니다. 기본적으로 환율은 달러를 기준으로 계산됩니다. 환율이 상승한다는 것은 달러 가치가 상승했고, 원화의 가치는 하락한다는 뜻입니다. 반대로 환율이 하락한다는 것은 달러 가치가 하락했음을 의미하며, 원화의 가치는 상승하게 됩니다. 즉 달러 가치의 변동에 따라 원화가 상대적으로 움직입니다.

그렇다면 환율은 언제 상승할까요? 달러가 유출되면 시장에 유통되는 달러가 줄어들어 달러 가치가 상승합니다. 달러 유출은 수출이 감소하고 수입이 증가할 때 발생합니다. 수출로 유입되는 달러가 줄어들고, 반대로 수입으로 인해 해외에 지급해야 할 달러가 증가하면 국내 시장에서 달러가 부족해집니다. 자연히 달러의 가치가 상대적으로 상승하게 됩니다.

환율이 상승하면 경제의 흐름도 변화합니다. 수출 감소는 기업 실적 하락으로 이어집니다. 외국인 투자자들은 실적이 부진한 국내 기업보다 더 나은 투자처를 찾아 떠납니다. 이로 인해 주식 및 부동산과 같은 자산 시장에서 자금이 빠져나갑니다. 이때 기업 투자는 위축되고, 공장이나 토지를 매각합니다. 사무실 규모를 축소하고, 고용도 줄이는 현상이 나타납니다. 이는 경기 둔화의 신호입니다.

반대로 환율이 하락할 경우를 살펴보겠습니다. 달러가 유입되면 시장에서 유통되는 달러가 많아져 달러 가치가 하락합니다. 달러 유입은 수출이 증가하고, 수입이 감소할 때 발생합니다. 수출로 유입되는 달러가 증가하고, 반대로 수입으로 인해 해외에 지급해야 할 달러가 감소하면 국내 시장에 달러가 풍부해집니다. 자연히 달러 가치가 상대적으로 하락하게 됩니다.

환율이 하락할 때도 경제 흐름은 변화합니다. 수출 증가는 기업의 실적이 개선된다는 것을 의미합니다. 외국인 투자자들은 높은 수익률을 기대하며 국내 기업에 대한 투자를 확대합니다. 이에 따라 주식 및 부동산과 같은 자산 시장으로 자금이 유입됩니다. 또한 기업의 투자 증가로 공장 건설, 토지 매입, 사무실 임대, 고용 증가 등이 활발하게 이루어집니다. 결과적으로 경제는 긍정적인 방향으로 나아가게 됩니다.

달러와 물가

환율은 우리나라 물가에도 큰 영향을 미칩니다. 환율이 상승하면, 달러로 표시된 상품 가격이 상대적으로 높아집니다. 해외에서 수입한 상품의 가격이 상승하고, 이는 곧 수입 물가 상승으로 이어집니다. 또한 원자재를 대부분 달러로 구입하는 국내 기업들 입장에서는 원자재 구매 비용도 함께 증가합니다. 이는 국내 제조 원가 상승으로 연결되며, 물가 상승 압력을 가중시킬 수 있습니다. 물가가 상승하면 소비 심리가 위축되고 이는 경제 전반에 부정적인 영향을 미칩니다.

반대로 환율이 하락하면 달러로 표시된 상품 가격이 상대적으로 낮아집니다. 즉 해외에서 수입한 상품의 가격이 하락하면서 자연스럽게 수입 물가도 하락합니다. 기업들의 원자재 구매 비용도 함께 감소합니다. 이는 국내 제조 원가 하락으로 이어지며, 물가 안정에 기여할 수 있습니다. 물가가 안정되면 소비 심리가 개선되고, 경제에 긍정적인 영향을 미칩니다. 이처럼 환율 변화를 분석하면 물가와 경제 방향의 변화를 예측하는 데 도움을 받을 수 있습니다.

현재 환율은 어떤 방향으로 움직이고 있나요?
앞으로 경제는 어떤 흐름을 보일까요?

10 환율은 세계 경제의 내비게이션

••••• 환율을 통해 국내 경제뿐만 아니라 세계 경제의 흐름도 실시간으로 파악할 수 있습니다. 현재 세계 경제는 국가 간 무역과 투자가 활발하게 이루어지고 있습니다. 자연스럽게 자금의 흐름이 형성되면서 각국의 환율이 다르게 움직입니다. 자금은 경제가 성장하는 국가로 이동하며, 이는 해당 국가의 통화 가치 상승을 가져옵니다. 반대로 경제가 어려운 상황이거나 전쟁·내전 등이 발생하는 지역에서는 자본이 빠져나갑니다. 이로 인해 통화 가치 하락이 발생할 수 있습니다.

투자자들은 금리가 높은 국가로 자본을 이동시키려는 경향이 있습니다. 이는 높은 금리를 통해 보다 안정적으로 높은 수익을 기대할 수 있기 때문입니다. 금리를 높게 유지하는 국가는 통화 가치가 상승할 가능성이 큽니다. 반면 금리가 낮은 국가에서는 자본이 해외로 빠져나가기 쉬워 통화 가치가 하락할 가능성이 높습니다. 이처럼 환율은 국가의 정책에 따라 변동하기도 합니다.

환율을 완벽하게 이해하기 위해서는 빠르게 변화하는 국제 정치와 경제를 모두 파악해야 합니다. 하지만 이는 어떤 전문가라도 불가능한 일입니다. 그러나 환율을 활용하면 복잡한 세계 경제 속에서도 길을 잃지 않을 수 있습니다. 이는 교통 상황이 변하면 실시간으로 최적의 경로를 안내하는 내비게이션과 유사합니다. 환율의 기본 원리를 이해하고 있다면 급변하는 경제 환경에서도 올바른 방향을 찾을 수 있을 것입니다.

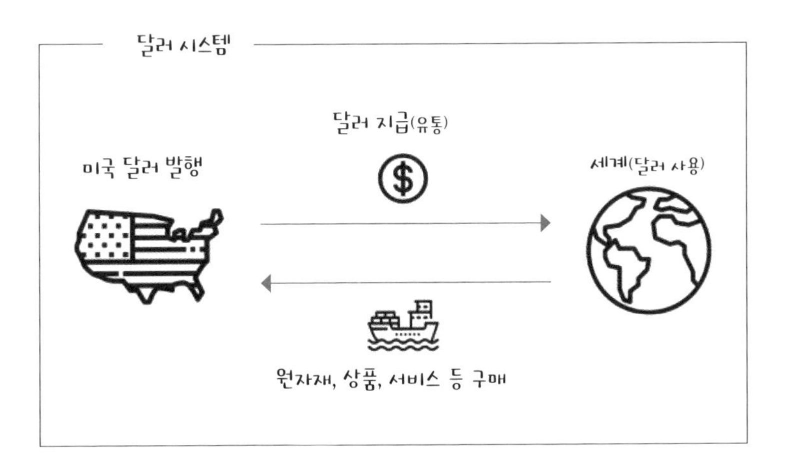

기축통화의 이점 시뇨리지 효과

기축통화로서의 달러가 시작된 브레튼우즈 체제

환율은 달러를 기준으로 계산합니다. 달러가 여러 나라에서 널리 사용되는 '기축통화'이기 때문입니다. 기축통화인 달러를 이용해 거래하면 결제 과정이 간편하고 비용 절감 효과도 큽니다. 반면 달러가 아닌 각국의 통화로 거래하면 결제가 복잡해집니다. 각국의 통화를 보관하는 것도 불편하고, 해당 국가의 화폐가 없을 경우 따로 조달해야 하는 번거로움이 있습니다. 기축통화의 사용은 국제 무역과 투자 활성화에 큰 기여를 했다고 볼 수 있습니다.

미국 달러가 기축통화로 자리 잡은 것은 제2차 세계대전 이후 미국이 세계 경제의 중심으로 부상하면서부터입니다. 1944년 7월, 미국 뉴햄프셔 주의 브레튼우즈(Bretton Woods)라는 마을에서 세계 주요 경제국들이 모여 새로운 경제 질서에 합의했습니다. 이때 워싱턴 D.C.에 국제통화기금(IMF, International Monetary Fund)과 세계은행(World Bank)이 설립되었습니다. 이렇게 만들어진 경제 질서를 '브레튼우즈 체제(Bretton Woods System)'라고 부릅니다.

당시 대부분의 국가는 자국 통화의 가치를 미국 달러에 고정했고, 미국 달러는 금 1온스당 35달러로 교환할 수 있도록 정했습니다. 달러는 전 세계에서 금과 같은 역할을 하며, 국제 무역과 금융 거래의 중심 통화로 자리 잡았습니다. 그러나 1971년에 미국이 더 이상 달러를 금으로 교환할 수 없다고 선언하면서 고정환율제가 폐지되었고, 변동환율제로 전환되었습니다. 결국 브레튼우즈 체제는 사라졌지만, 미국 달러는 여전히 기축통화의 역할을 이어가고 있습니다.

기축통화의 힘, 시뇨리지 효과

달러가 기축통화로 자리 잡으면서 미국은 막대한 경제적 이득을 누리고 있습니다. 예를 들어 미국이 100달러 지폐를 발행하는 데 드는 비용이 1달러라면, 나머지 99달러는 미국의 순이익이 됩니다. 이렇게 화폐를 발행해 막대한 이익을 얻는 현상을 '시뇨리지 효과(Seigniorage Effect)'라고 합니다. 달러에 대한 국제적 수요가 늘어날수록 미국은 추가적인 달러를 발행할 수 있으며, 이를 통해 지속적인 경제적 혜택을 누릴 수 있습니다.

또한 미국은 달러를 발행하여 전 세계의 상품과 서비스를 구매할 수 있습니다. 예를 들어 미국이 우리나라의 반도체를 구매할 때, 달러를 인쇄하여 지급하면 됩니다. 중국이나 다른 국가의 제품을 수입할 때도 마찬가지입니다. 반면 미국을 제외한 대부분의 국가는 이렇게 받은 달러를 다시 국제 무역에서 활용해야 합니다. 결과적으로 미국은 단순히 종이에 달러를 인쇄하는 것만으로도 실질적인 경제적 이익을 얻는 구조를 가지고 있습니다.

달러가 기축통화로 자리 잡으면서 국제 금융의 중심 역할을 하게 되었지만 장점만 있는 것은 아닙니다. 미국이 과도하게 달러를 발행하거나 급격한 금리 인상을 통해 시중의 달러를 회수하면, 세계 경제 전체에 큰 충격을 줄 수 있습니다. 또한 미국은 달러를 경제적 무기로 활용하여 특정 국가에 제재를 가하는 등 정치적 압박 수단으로 사용하기도 합니다. 이에 따라 러시아나 중국 또는 이란 등 일부 국가는 달러 의존도를 줄이려는 노력을 기울이고 있습니다.

달러 인덱스

달러의 가치를 측정하는 지표로 달러 인덱스(DXY, Dollar Index)가 있습니다. 달러 인덱스는 1973년부터 여섯 개 국가의 통화 대비 미국 달러의 가치를 평가하는 지표입니다. 여섯 개 국가의 통화는 유로(EUR), 일본 엔(JPY), 영국 파운드(GBP), 캐나다 달러(CAD), 스웨덴 크로나(SEK), 스위스 프랑(CHF)입니다. 이들 통화의 가중치는 각각 다르게 적용됩니다. 특히 유로화가 전체의 57.6%를 차지하며, 일본 엔(13.6%)과 영국 파운드(11.9%)가 그 뒤를 잇습니다.

달러 인덱스 지수가 100을 초과하면 미국 달러 강세를, 100 미만이면 달러 약세를 의미합니다. 이 지표는 다른 주요 통화와의 상대적 비교를 통해 미국 달러의 가치를 평가하는 기준이 됩니다. 하지만 달러 인덱스에도 한계가 있습니다. 1973년과 현재의 글로벌 경제 환경이 크게 달라졌기 때문입니다. 대표적인 예로 중국 위안화(CNY)처럼 경제 규모가 급성장한 신흥국 통화가 포함되지 않았다는 점도 꼽을 수 있습니다.

앞으로도 달러의 기축통화 지위는 계속 유지될 수 있을까요?

11 경제라는 몸에 흐르는 혈액, 국제 원유

••••• 원유는 경제라는 몸에 흐르는 혈액입니다. 우리는 원유를 정제하여 다양한 석유 제품을 생산합니다. 석유 제품은 교통과 난방은 물론 플라스틱이나 화학 제품, 제약 산업 등 수많은 분야에서 필수적으로 사용됩니다. 따라서 원유 가격이 상승하면 물가가 오르고, 원유 가격이 하락하면 물가가 안정됩니다. 특히 세계 무역이 발전하고 경제 규모가 커진 현대 사회에서는 원유 가격 변동이 단순히 한 국가를 넘어 전 세계 경제에까지 영향을 미칠 수 있습니다.

원유 가격의 급격한 상승은 각종 비용 증가로 이어져서 경기 위축을 초래하기도 합니다. 이는 생산자와 소비자 모두에게 부담이 됩니다. 그렇다면 반대로 원유 가격이 계속 하락하면 경제에 긍정적인 영향을 줄까요? 꼭 그렇지도 않습니다. 석유를 생산하는 산유국들의 경제가 어려워지면 투자 감소로 이어질 수 있기 때문입니다. 또한 석유 기업에 투자한 금융 기관들도 타격을 받을 수 있습니다. 따라서 석유 가격은 언제나 적정 수준을 유지하는 것이 세계 경제 전체에 바람직합니다.

그러나 원유는 공급과 수요의 불균형이 쉽게 발생하는 특성을 가지고 있습니다. 원유는 특정 지역에서만 채굴됩니다. 또한 탐사와 채굴, 수송 그리고 정제 등의 생산 과정은 오래 걸리는 반면 수요는 단기간에 줄어들지 않습니다. 공급이 조금만 흔들려도 가격이 급등할 수 있습니다. 반대로 공급을 늘려도 수요가 급격히 증가하지 않습니다. 휘발유 가격이 저렴하다고 차를 타고 멀리 돌아서 출근하지 않는 원리입니다. 원유 재고 증가로 가격이 폭락할 수 있습니다.

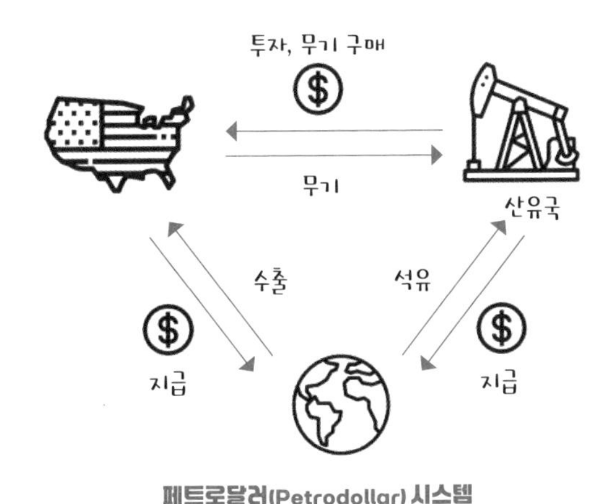

페트로달러(Petrodollar) 시스템

3대 원유 시장과 OPEC

국제 원유 시장은 크게 세 곳에서 거래됩니다. 첫 번째는 브렌트유(Brent Crude)로, 영국과 노르웨이 인근의 북해에서 생산됩니다. 런던 국제 석유거래소(ICE, Intercontinental Exchange)에서 거래되며, 세계 석유 거래의 약 60%가 브렌트유 가격을 기준으로 이루어집니다. 브렌트유는 영국과 독일, 프랑스 그리고 이탈리아 등 서유럽 국가들의 석유 가격에 큰 영향을 미칩니다.

두 번째는 서부 텍사스 중질유(WTI, West Texas Intermediate)입니다. 미국 텍사스주 및 주변 지역에서 생산됩니다. 뉴욕상업거래소(NYMEX, New York Mercantile Exchange)에서 거래되며, 주로 미국 내 석유 가격을 결정하는 기준이 됩니다.

세 번째는 두바이유(Dubai Crude)입니다. 이름처럼 아랍에미리트의 두바이에서 생산됩니다. 두바이유는 주로 중동과 아시아 지역으로 수출되는데, 우리나라를 비롯한 아시아 대부분 국가들의 석유 가격에 영향을 미칩니다.

국제 원유 공급을 조절하는 단체도 있습니다. 석유수출기구(OPEC, Organization of the Petroleum Exporting Countries)입니다. 사우디아라비아, 이란, 이라크, 베네수엘라 등 13개 회원국이 있으며, 석유 생산량을 조절하여 가격을 안정시키고 회원국들의 이익을 보호하는 역할을 합니다. OPEC 회원국들은 종종 생산량 감산에 합의하지만 강제성은 없습니다. 감산하면 수입이 감소하므로, 회원국들이 합의를 지키지 않는 경우가 많기 때문입니다.

페트로달러 시스템

달러가 기축통화로 자리 잡은 여러 이유가 있지만, 가장 중요한 요인은 석유가 달러로만 거래된다는 점입니다. 모든 산업에 필수적인 석유를 구매하려면 세계 각국은 달러를 보유해야 합니다. 즉 석유를 거래하려면 반드시 달러가 필요하기 때문에, 자연스럽게 달러의 국제적 위상이 높아졌습니다. 이로 인해 'petroleum(석유)'과 'dollar(달러)'를 합쳐 '페트로달러(Petrodollar)'라는 용어까지 등장하게 되었습니다.

과거에는 미국 달러를 금으로 교환할 수 있었지만, 1971년 '닉슨 쇼크(Nixon Shock)'로 알려진 사건을 통해 미국은 더 이상 달러를 금으로 바꿔주지 않겠다고 선언했습니다. 이로 인해 달러의 신뢰도가 흔들렸지만, 미국은 이를 회복하기 위해 새로운 전략을 마련했습니다. 1973년 당시 미국의 국무장관이었던 헨리 키신저(Henry Kissinger)는 사우디아라비아 및 주요 산유국들과 협상을 진행해, 석유를 달러로만 결제하도록 하는 합의를 이끌어냈습니다.

또한 원유 수출국들은 달러로 받은 석유 대금을 미국 금융시장에 재투자 했습니다. 그 결과 미국은 지속적으로 유동성을 공급받을 수 있었고, 달러의 국제적 지위도 더욱 강화되었습니다. 덕분에 미국은 무역 적자가 발생하더라도 달러를 추가 발행해 전 세계에 공급함으로써 경제를 유지하고 성장시킬 수 있습니다. 미국은 이 시스템에 반대해 다른 통화로 석유 거래를 시도한 이라크와 리비아 또는 베네수엘라와 같은 국가들에 강력한 제재를 가하기도 했습니다.

원유 가격이 어느 정도면 우리나라 경제에 좋을까요?

12 경제 비타민, 원자재 시장

••••• 비타민은 우리 몸에 필수적인 요소입니다. 신체 에너지 사용과 생산을 돕고 세포 기능을 유지하며, 면역체계를 강화합니다. 성장과 발달도 촉진합니다. 비타민 A는 시력과 피부 건강을 유지하며 비타민 D는 뼈 건강에 중요하고, 비타민 B군은 에너지 생산과 신경 기능에 필수적입니다. 우리 몸에 비타민이 부족하면 결핍증이 발생할 수 있습니다. 그러므로 균형 잡힌 식사를 통해 적절한 비타민 섭취가 필요합니다.

경제라는 신체에도 비타민처럼 경제 성장에 중요한 역할을 하는 요소가 있습니다. 바로 '원자재'입니다. 구리, 철광석, 농산물과 같은 원자재는 제조업과 건설업 그리고 식품 산업 등 기업의 생산 활동에

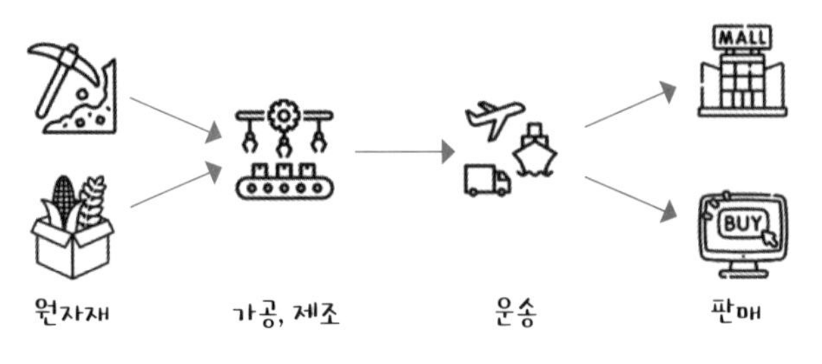

경제 성장에 꼭 필요한 원자재

필수적입니다. 원자재 없이는 경제 활동이 원활하게 이루어질 수 없습니다. 이는 비타민이 부족할 때 신체 기능이 저하되고 병에 걸리기 쉬운 상황과 비슷합니다. 즉 다양한 원자재가 비타민처럼 골고루 잘 공급되어야 경제가 건강하게 성장할 수 있습니다.

일례로 우리가 사용하는 스마트폰을 들 수 있습니다. 스마트폰 하나를 만들기 위해서는 배터리, 화면 액정, 반도체 등 수많은 부품이 들어갑니다. 여기서 개별 부품을 만들기 위해서는 다양한 원자재가 필요합니다. 스마트폰 배터리를 만들기 위해서 리튬과 알루미늄, 구리 등 많은 재료가 필요한 것처럼 다른 부품들도 각각 다양한 원자재가 필요합니다. 다양한 원자재를 구할 수 없다면 스마트폰을 만들 수 없습니다. 그만큼 경제 성장에는 원자재가 필수적입니다.

경제 성장에 필요한 다양한 원자재

전통적인 제조업에서 원자재는 필수적인 요소입니다. 자동차, 조선, 건축 자재 등 생산에는 철광석과 석탄이 핵심 원자재입니다. 항공기, 자동차, 전자제품 등에는 가볍고 내구성이 좋은 알루미늄이 널리 사용됩니다. 플라스틱은 석유를 원료로 하여 다양한 제품의 케이스, 부품, 포장재로 사용됩니다. 유리는 건축, 자동차, 전자제품의 디스플레이 등에서 중요한 역할을 합니다.

다양한 고부가가치 제조업도 마찬가지입니다. 실리콘은 반도체 칩과 태양광 패널의 핵심 원료로, 반도체와 재생에너지 산업의 기초를 이룹니다. 구리는 전기 배선과 전자제품 부품에 널리 사용되는 필수 재료입니다. 리튬은 전기차 배터리와 다양한 전자기기 배터리의 주요 원료로, 전기차와 모바일 산업의 성장에 따라 함께 증가하고 있습니다. 희토류 금속은 스마트폰, 컴퓨터, 전기차 모터 등의 고성능 자석과 첨단 군사 기술에 필수적입니다.

경제 성장에 필수적인 만큼 원자재 수요와 가격을 통해서 경제를 예측할 수 있습니다. 구리, 철광석 등 주요 원자재 수요가 증가하고 가격이 상승하면, 제조업 생산이 좋아지면서 고용과 소비가 증가할 수 있는 신호입니다. 반대로 원자재 수요와 가격이 하락하면 경제 활동이 둔화하고 있다는 조짐입니다. 물론 천연재해, 정치적 불안정, 노동 파업 등으로 원자재 공급에 문제가 발생하면, 원자재 가격 상승과 경제 활동 둔화로 이어질 수도 있습니다.

농산물도 중요한 원자재

땅속에 있는 금속만 원자재가 아닙니다. 우리가 먹는 농산물도 원자재에 속합니다. 밀, 옥수수, 대두와 같은 곡물은 식품 산업뿐만 아니라 가축 사료, 바이오 연료 산업 등에서 광범위하게 사용되는 원자재입니다. 우리가 좋아하는 라면에 들어가는 밀은 물론, 커피와 설탕도 음료 산업에 필수적으로 사용됩니다. 또한 농산물은 식품 산업을 넘어 의약품, 화장품, 섬유 산업 등 다양한 분야에서 원재료로 활용되기도 합니다.

다양한 산업에 중요한 원자재인 만큼 농산물의 생산과 공급은 원활해야 합니다. 하지만 농산물의 가격은 갑자기 폭등하기도 하고, 반대로 폭락해서 농민들이 농산물을 버리는 장면도 목격합니다. 농산물 생산은 기후 조건에 좌우됩니다. 가뭄, 홍수, 태풍, 이상 기온 등 자연재해가 발생하면 수확량이 급감해 가격이 폭등합니다. 반대로 풍작이 이루어지면 공급 과잉으로 가격이 급락합니다. 유통기한이 정해져 있어서 마냥 보관할 수도 없어 공급 조절이 어렵습니다. 차라리 버리는 편이 손해가 덜한 경우도 발생합니다.

농산물 가격이 급등하면 경제에 좋지 않습니다. 당장 우리가 마트에서 구매하는 채소와 고기, 가공식품 가격이 상승합니다. 식품 가격이 비싸다고 굶을 수 없으니 다른 소비를 줄일 수밖에 없습니다. 식당을 운영하는 자영업자들은 더 큰 타격을 받습니다. 가격을 올리면 손님들이 오지 않기 때문에 원재료가 상승하면 이익이 줄거나 손해를 감수하는 경우가 많습니다.

원자재의 무기화

다양한 금속이나 농산물과 같은 원자재가 중요하지만, 자원은 특정 지역과 나라에 몰려있는 경우가 많습니다. 따라서 자원을 보유한 국가는 외교와 국방, 경제 등의 분야에서 자국의 이익 극대화를 위해 자원을 무기화하고 있습니다. 2021년 러시아가 유럽으로 보내는 천연가스 공급을 중단하자, 에너지 가격 상승으로 유럽 경제는 어려움을 겪어야 했습니다. 중국은 미국과 무역 전쟁에서 희토류 수출을 제한해 미국을 압박하기도 했습니다.

자원이 부족한 우리나라 역시 에너지 수입 의존도가 94.8%나 됩니다. 자동차, 반도체, 전자·전기에 쓰이는 구리, 알루미늄, 니켈, 팔라듐 등 비철금속 역시 전량 수입하고 있습니다. 원자재 가격 상승이나 전쟁 등으로 수입이 어려워지면 국가 경제가 크게 흔들릴 수 있는 구조입니다. 특히 제조업에서 원자재를 구하지 못하면 우리나라 경제는 큰 타격을 받을 수 있습니다.*

원자재가 많이 있다고 해서 경제가 반드시 발전할까요?

* 에너지경제연구원, 에너지통계월보 2023년 2월 자료

13 경제는 심리 게임

••••• 경제를 예측하는 일은 전문가들도 자주 틀립니다. 그런데 그게 전문가만의 잘못은 아닙니다. 경제가 숫자와 통계로만 설명하기는 어려운 것이기 때문입니다. 소비자의 구매 결정, 투자자의 선택 등 모든 경제 활동은 사람들의 심리에 의해 좌우됩니다. 더 넓게 보면, 사람들의 심리가 복잡하게 얽혀 있기 때문에 흐름을 알기 어려운 것입니다. 경제 시스템을 운용하는 사람의 방식이 비정상적이라면 모든 예측이 무의미하게 흘러갈 것입니다.

경제학은 '합리적인 인간'의 행동을 기반으로 설명됩니다. 합리적인 인간은 모든 정보를 고려하여 최적의 결정을 내립니다. 시장에서 효율적으로 자원을 배분하고, 합리적인 기대를 하고 행동해 경제 운영을 안정적으로 만듭니다. 모두가 합리적인 인간이라면 행동을 예측하기 쉽고, 시장도 원활히 작동할 것입니다.

하지만 현실의 인간은 비합리적이고 자주 감정적인 결정을 합니다. 비합리적인 인간은 종종 충동적으로 어떠한 결정을 내리고, 이는 경제를 예측 불가능하게 만듭니다. 군중 심리에 휩쓸려 자산 버블을 만들고, 공포에 사로잡혀 대규모 투매에 동참하는 등 비합리적인 행동으로 금융 위기를 일으킵니다. 따라서 경제를 이해하고 예측하기 위해서는 심리를 이해하는 것도 중요합니다.

기업경기실사지수

기업경기실사지수(BSI, Business Survey Index)는 기업들의 심리를 가늠하기 좋은 지표입니다. BSI는 기업 경영진과 관리자들을 대상

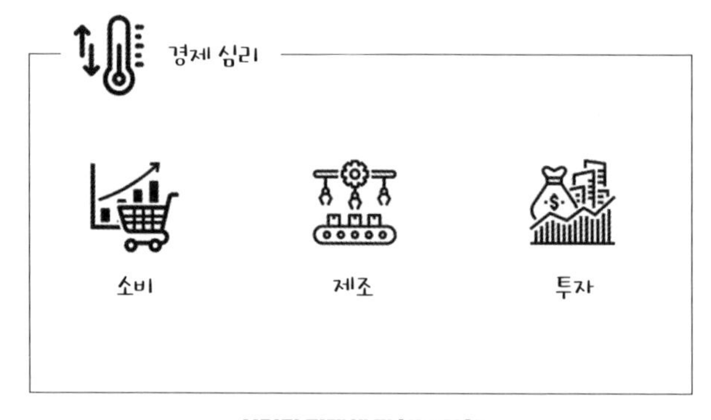

심리가 경제에 미치는 영향

으로 현재와 미래의 경제 상황을 어떻게 전망하는지 조사한 지수입니다. 또한 생산과 투자 그리고 고용 계획 등을 조사해 반영합니다. 우리나라는 시장 심리를 빠르게 파악하기 위해 매월 한국은행이 직접 조사하고 발표합니다. 미국은 연준에서, 중국은 국가통계국에서 별도로 조사해 매달 발표합니다. 이는 각국 정부가 기업의 심리를 중요하게 평가하고 있음을 보여주는 증거입니다.

BSI는 주관적인 지표로, 100을 기준으로 해석합니다. 지표가 100을 초과하면 긍정적인 전망이 우세하다는 의미입니다. 지표가 100 미만이면 반대로 부정적인 전망이 우세하다는 뜻입니다. 물론 BSI도 단점이 있습니다. 모든 기업을 조사할 수 없기 때문에 대기업 위주로 조사됩니다. 따라서 중소기업이나 다양한 산업의 심리가 충분히 반영되지 않을 수 있습니다.

BSI가 기업 전체를 대변하지는 못합니다. 그러나 기업들의 심리를 가늠하여 앞으로의 경제를 예측할 수는 있습니다. 기업의 심리가 긍정적이면 투자가 증가하고 고용이 활성화되어 경제 성장으로 이어질 수 있습니다. 반대로, 기업들이 다가올 경제 상황을 부정적으로 내다본다면 투자가 감소하고 고용이 축소되어 경제 성장이 둔화할 가능성이 큽니다.

변동성지수

주식시장은 심리 게임의 꽃입니다. 투자자들은 주식시장에 문을 열고 들어가는 순간부터 정보의 홍수 속에 던져집니다. 합리적인 투자자도 자제력과 판단력을 매 순간 시험받습니다. 자제력과 판단력을 잃은 투자자들은 탐욕과 공포 사이를 방황합니다. 탐욕이 투자자들을 지배하면, 시장은 과열되어 버블이 형성됩니다. 반대로 공포가 시장을 지배하면 투매가 이어지면서 시장은 붕괴합니다.

이런 불확실한 시장의 심리를 파악할 수 있는 유용한 지표가 있습니다. '공포 지수'라고도 불리는 변동성지수(VIX, Volatility Index)가 대표적입니다. VIX는 투자 심리를 측정하는 지수입니다. VIX 지수가 높아지면 시장 참여자들의 불안감이 높아진 것입니다. 반대로 VIX 지수가 낮아지면 시장 참여자들의 심리가 안정된 상황을 나타냅니다.

실제로 2008년 글로벌금융위기와 2020년 코로나19 팬데믹 기간에 VIX 지수는 단기간에 급등한 적이 있습니다. VIX는 시장 참여자들의 불안 심리를 파악하는 데 유용합니다. 하지만 시장 과열과 버블까지 파악하기는 어렵습니다. 단기적인 변동성만 나타내기 때문입니다. 그래서 시장의 기초 체력인 금리 방향, 기업 부채와 실적 그리고 성장률 등을 같이 살펴봐야 합니다.

소비자심리지수

소비자들의 심리 역시 기업과 투자자들 심리만큼 경제 예측에 중요합니다. 소비가 살아야 작게는 지역 경제, 크게는 국가 경제가 활력을 띠기 때문입니다. 한국은행은 2005년부터 소비자심리지수(CCSI, Composite Consumer Sentiment Index)를 작성하여 발표하고 있습니다. 생활형편지수, 경제상황지수, 가계수입 및 소비지출 전망 등의 지표를 표준화하고 합성하여 산출합니다. 미국에서도 미시간대학교가 매월 '미시간대 소비자심리지수(University of Michigan Consumer Sentiment Index)'를 발표하고 있습니다.

소비 심리가 좋아지는 원인도 파악해야 합니다. 수입이 증가해 소비가 늘어나는 것은 좋지만, 정부에서 일시적으로 돈을 풀어 자산시장에 거품을 만들거나 대출 규제를 완화해 소비가 는 것일 수도 있습니다. 소득은 그대로인데 자산 거품에 취하고, 대출을 공짜 돈으로 생각한 사람들은 소비를 늘릴 수 있습니다. 이런 소비는 오히려 시간이 지나면 역효과를 불러옵니다.

지금 사람들이 경제를 바라보는 심리는 어떤 온도일까요?

14 화폐유통속도를 보면 돈의 흐름도 보인다!

••••• 경제에서 돈의 유통량과 유통 속도는 자연에서 물의 순환 과정과 비슷합니다. 비가 내려 산에서 시작된 물줄기는 하천을 이루고, 강을 따라 바다로 흘러갑니다. 이 과정에서 물은 구름을 형성해 다시 비로 내려옵니다. 물은 끊임없이 순환하면서 지구의 동식물이 살아갈 수 있는 환경을 만들어 줍니다. 이런 물의 순환이 멈춘다면 지구에서 생명체가 살아갈 수 없을 것입니다.

경제 환경도 이와 비슷합니다. 중앙은행이 돈을 발행하고, 정부도 돈을 지출하여 경제에 돈이 공급됩니다. 이는 마치 구름이 비를 내리는 역할과 비슷합니다. 기업과 개인은 돈을 받아 머금기도 하지만 투자와 소비로 흘려보냅니다. 그 결과, 경제 환경에 강과 바다가 형성됩니다. 이 과정에서 돈이 세금으로 정부로 돌아가거나 중앙은행이 흡수하기도 합니다. 이는 다시 구름으로 돌아가는 것과 같습니다. 이러한 순환 과정은 물의 흐름과 비슷하게 반복됩니다.

즉 돈이 기업과 소비자 사이를 원활히 순환하면 경제 활동이 성장합니다. 돈은 금융 시스템을 통해 새로운 투자와 지출을 만들어냅니다. 그러나 홍수처럼 통화량이 지나치게 증가하면 과도한 인플레이션과 자산 시장 과열을 초래합니다. 반면 일부 지역에서 가뭄처럼 통화량이 부족하면 경제 활동이 위축되거나 경제 위기를 맞을 수 있습니다. 따라서 경제에서도 강수량을 측정하고, 댐이나 저수지를 만드는 것과 같은 조치가 필요합니다.

돈이 도는 속도: 화폐유통속도

화폐유통속도는 경제 환경에서 돈의 순환 속도를 나타냅니다. 이는 마치 강수량에 비유할 수 있습니다. 강수량이 적당하면 농사, 공

화폐유통속도가 경제에 미치는 영향

업, 생활에 걱정이 없습니다. 화폐유통속도 역시 적당하면, 돈이 기업과 가정 곳곳에 스며들어 경제가 건강하게 성장합니다. 반대로, 하늘에 구름만 많고 강수량이 적으면 물이 부족해 문제가 생깁니다. 화폐유통속도 역시 느려지면, 돈이 돌지 않아 가계와 기업이 돈 가뭄에 시달려 경제 활력이 떨어질 수 있습니다.

화폐유통속도 계산 방법은 GDP를 발행된 통화량으로 나누면 됩니다. 예를 들어 2023년 12월까지 한국은행이 시중에 발행한 돈인 본원통화는 약 274.1조 원이고, 2023년 우리나라의 명목 GDP는 2,401.2조 원입니다. 이때의 화폐유통속도는 8.76입니다. (2,401.2조 원 ÷ 274.1조 원=8.76) 한국은행에서 나온 돈이 다양한 경제 활동을 통해 8.76배의 가치를 창출했다는 의미입니다. 이처럼 돈의 속도를 통해 경제 속도를 측정할 수 있습니다.

하지만 화폐유통속도에는 한계가 있습니다. 화폐 공급만 늘린다고 경제가 좋아지는 것은 아니기 때문입니다. 속도 변화의 원인이 무엇인지가 더 중요합니다. 속도만으로는 경제 활동의 질적 분석이 어렵습니다. 또한 돈이 생산적인 투자에 사용되었는지 단순한 소비에 사용되었는지를 알 수 없습니다. 속도가 줄어드는 게 화폐가 부족해서인지, 경제 시스템 변화나 일부 산업의 쇠퇴 때문인지 별도의 분석이 필요합니다.

돈의 댐: 지급준비율

경제에서 돈의 흐름과 양을 조절하는 댐과 같은 역할을 하는 제도가 있습니다. 바로 지급준비율입니다. 지급준비율은 은행이나 금융기관이 일정한 비율의 현금이나 자산을 중앙은행에 맡기는 제도입니다. 갑작스러운 경제 위기로 인해 불안감을 느낀 고객들이 은행에 가서 대규모 찾을 수도 있습니다. 이때 중앙은행에 보관한 돈이 예금자들에게 안정적으로 지급되도록 하여 금융 시스템의 신뢰를 지키는 역할을 합니다.

또한 지급준비율은 중앙은행의 통화 정책 도구로, 돈의 가뭄과 홍수를 대비하는 역할을 합니다. 지급준비율을 높이면 은행이 대출할 수 있는 금액이 줄어들고 중앙은행에 더 많은 돈을 맡겨야 합니다. 이는 시중의 자금을 흡수하는 효과를 발생시킵니다. 자산 시장의 과열을 안정시키기 위해 지급준비율을 높이기도 합니다. 반대로 지급준비율을 낮추면 은행이 대출할 수 있는 금액이 늘어나고, 시중에 자금이 더 풀리게 됩니다. 이는 마치 댐이 물을 방류하는 것과 같은 원리입니다.

하지만 지급준비율만으로 돈의 가뭄과 홍수를 완벽히 대비하기는 어렵습니다. 금융시장이 발달한 국가는 자금 조달 수단이 다양합니다. 기업은 채권이나 주식을 발행해 자금을 조달할 수 있고, 가계는 카드 할부 등의 방법으로 자금을 마련할 수 있습니다. 따라서 중앙은행이 지급준비율을 높여도 시중 자금을 충분히 흡수하기 어려울 수 있습니다. 반면 경기 불황이 찾아오면 지급준비율을 낮춰도 은행들이 부실을 우려해 대출을 주저할 가능성이 있습니다.

지금 우리나라의 화폐유통속도는 빠르다고 생각하나요?

2장

투자의 기초체력 금융

01 금융시장이라는 경이로운 우주

••••• 금융(finance)이란 개인이나 기업, 공공부문이 필요한 자금을 조달하고, 그 자금을 효율적으로 운용하는 기술을 말합니다. 돈을 안전하게 운전할 수 있는 운전 방법이라고도 말할 수 있습니다. 우리는 금융을 통해 사회 곳곳에 자본을 적절히 배분해 경제 성장을 촉진할 수 있습니다. 자본주의 시장의 효율성을 높이는 역할을 합니다. 그리고 금융은 맛있는 열매를 맺는 나무라고 할 수 있습니다. 돈이라는 씨앗에 시간이라는 물을 주면, 미래 시점에 이익으로 바꿔주기 때문입니다.

그리고 금융은 개인, 기업, 공공 부문에서 다른 역할을 합니다. 개인금융은 가계의 저축과 투자, 대출, 은퇴 계획 그리고 자산 관리 역할을 합니다. 기업금융은 기업이 주식이나 채권 발행으로 자금 조달, 투자 결정 그리고 배당 정책 등이 포함됩니다. 공공금융은 정부나 공공 기관이 세금을 통해 들어온 자금을 도로, 공항, 학교, 병원 등 사회기반시설을 제공합니다. 그리고 사회복지 서비스나 경제 정책 수립 등에도 적절히 사용하는 과정입니다.

시장이라는 거대한 우주에서 다양한 금융 서비스가 있는 만큼 각기 다른 서비스를 담당하는 여러 금융 기관이 존재합니다. 저축과 대출을 담당하는 은행과 투자자들에게 주식과 채권 등의 거래를 도와주는 증권사, 각종 위험을 대비해 주는 보험사와 손해보험사, 노후 자금을 대신 운용해 주는 연기금, 소비를 원활히 도와주는 카드사, 신용을 기반으로 자금을 빌려주는 캐피탈 등 이밖에 수많은 금융 서비스가 존재합니다.

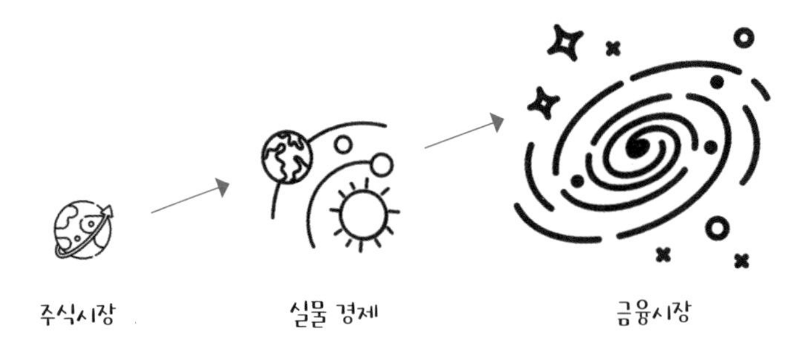

경이로운 금융시장

자본주의의 꽃, 주식시장

사람들은 주식시장을 자본주의 꽃이라 말합니다. 다른 시장도 많은데 왜 하필 주식시장이 자본주의 핵심일까요? 자본주의 혁신과 역동성 과실을 나눌 수 있는 시장이기 때문입니다. 과거 자원 분배는 신분이나 권력으로 결정되었습니다. 하지만 주식시장은 주식을 가지고 있는 사람에 의해 결정됩니다. 물론 주식시장이 완전히 공평하고 투명하다고 할 수는 없겠지만, 적어도 완전히 새로운 질서의 사회를 만들었습니다. 그 때문에 주식시장을 자본주의 핵심이라 강조하는 것입니다.

주식시장에서는 단순히 주식을 사고파는 일만 일어나지 않습니다. 기업이 사업에 필요한 자금을 조달하는 창구도 되어줍니다. 기업은 주식을 발행해 투자자로부터 자금을 모읍니다. 그 자본으로 기업은 사업을 확장하고 연구 개발에도 투자하며, 신제품 출시하는 등 기업을 성장시킵니다. 그리고 성장을 통해 얻은 이익을 주주들에게 배당을 통해 돌려주기도 합니다. 주식시장을 통해 서로 윈윈하면서 경제가 활력을 찾을 수 있습니다.

이런 주식시장의 규모는 얼마나 될까요? 2023년 우리나라의 주식시장 규모는 대략 2,700조 원이었습니다. 미국의 주식시장 규모는 약 40조 달러로 우리돈 약 5경 2,000조 원을 넘었습니다. 2023년 애플의 시가총액이 약 3,900조 원을 넘었는데, 우리나라 모든 주식 가격을 더한 것보다 컸습니다. 그리고 2023년 전 세계 주식시장 규모는 약 100조 달러로, 13경 원을 돌파했습니다. 그중 우리나라가 차지하는 비중이 약 2% 정도인데, 정말 초라해 보일 정도입니다.

경이로운 금융시장의 우주

자본시장에는 주식만 있는 것이 아닙니다. 채권, 외환, 파생상품, 암호화폐, 부동산 등 각 자산을 다루는 다양한 시장이 있습니다. 자본시장은 정말 광활한 우주입니다. 최근에는 새롭게 등장한 암호화폐 시장도 금융시장 제도권으로 들어오고 있습니다. 마치 우주에서 별이 탄생하듯이 금융시장은 계속해서 커지고 있습니다. 흥미로운 점은 주식시장 규모를 뛰어넘는 큰 시장도 많습니다.

그렇다면 지금 금융시장의 규모는 얼마나 클까요? 2023년 기준 기업들이 자금을 빌리는 전 세계 채권시장은 약 130조 달러로 16.9경 원이나 됩니다. 전 세계 부동산시장은 약 326조 달러로 42경 원이 넘습니다. 파생상품시장은 최소 600조 달러로 78경 원을 넘는 초거대 시장입니다. 금융시장은 규모를 정확히 파악하기도 어려울 만큼 거대한 시장이 되었습니다. 그 끝은 가늠하기 어려운 하나의 우주가 되었습니다.

너무 커진 금융시장이 오히려 실물 경제를 흔들기도 합니다. 실제로 2023년 전 세계 GDP의 합계는 약 105조 달러로 13.56경 정도입니다. 실물시장이 금융시장에 비해 보잘 것 없어보일 정도로 작습니다. 그 때문에 실물시장의 위기보다 금융시장의 위기가 더 큰 위험으로 평가되기도 합니다. 2008년 글로벌금융위기 대표적으로, 실물위기가 아니라 '금융위기'로 불립니다. 2008년에 어떤 금융상품이 전 세계적 위기를 불러왔는지는 뒤에서 살펴보겠습니다.

금융시장은 17세기 해운업 발달에 자금과 보험 등을 제공하면서 몸집이 커지기 시작했습니다. 18세기에는 산업화에 필요한 철도, 석탄, 철강 기업에 자금을 공급하면서 산업화에 크게 이바지했습니다. 20세기 후반에는 컴퓨터와 인터넷과 만나면서 전 세계인 거대한 금융 네트워크를 만들었고, 그를 토대로 세계무역이 안전하게 성장했습니다. 앞으로 또 다른 혁신이 등장해도 금융시장 우주 안에서 태어나고 성장할 것입니다.

우리나라 금융시장은 경제 성장과 혁신에 도움이 되는 시장일까요?

02 금융 우주에 흐르는 시간과 리스크

••••• 커다란 금융 우주에도 실제 우주와 같이 시간이 흐르고 있습니다. 시간은 자본의 가치를 변화시킵니다. 지금 100만 원을 받을지 10년 후 100만 원을 받을지 선택해야 한다면, 대부분 지금 100만 원을 선택할 것입니다. 그 이유는 시간의 흐름을 계산했기 때문입니다. 자본이 커질수록 시간은 자본의 이익을 결정짓는 데 매우 중요한 조건이 됩니다. 그래서 자본과 시간의 흐름을 계산하는 '할인율'이라는 개념까지 존재합니다.

10년 뒤 100만 원을 받는 쿠폰이 있다면, 이 쿠폰의 가치는 지금 얼마일까요? 당연히 똑같이 100만 원은 아닙니다. 100만 원을 예금하고 이자만 받아도 더 큰 금액이 나오기에, 절대 100만 원에 거래되지 않을 것입니다. 그렇다면, 지금 이 쿠폰을 구매한다면 얼마에 구매할지 정확한 가격을 계산해야 합니다. 손해가 아닌 이익을 보고 구매할 수 있는 기준과 계산 방식을 알려주는 지표를 바로 '할인율'이라고 합니다.

거대한 자본을 움직이는 기업과 정부 등도 할인율을 기반으로 다양한 투자를 결정하고, 자산의 가치를 평가하며 여유 자본을 어떻게 운용할지 결정합니다. 자본은 거대한 금융 우주에서 아무렇게나 움직이는 것이 아니라, 일정한 기준과 규칙에 따라 움직입니다. 할인율은 효율적으로 자본을 배분하고, 합리적인 의사 결정을 내리는 데 중요한 역할을 합니다. 금융 우주가 어떻게 움직이는지 이해하는 데 아주 중요한 원리입니다.

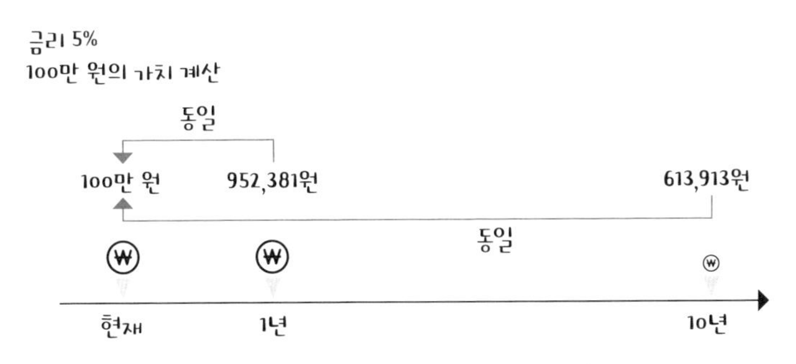

시간의 흐름에 따라 변하는 100만 원의 가치

미래 현금을 알아내는 할인율

미래에 자본을 현재 가치로 계산하기 위해서는 할인을 해야 합니다. 사람들은 지금 100만 원 받는 것과 10년 뒤 100만 원 받는 선택지가 있을 때 압도적으로 지금 100만 원 받는 쪽을 고릅니다. 지금 100만 원이 미래 100만 원보다 가치가 높고, 돈을 활용해 다양한 일을 할 수 있기 때문입니다. 그래서 '할인율(discount rate)'이라는 개념이 필요해지는 것입니다.

먼저 1년 뒤 100만 원의 현재 가치를 먼저 계산해 보겠습니다. 지금 금리가 5%라고 가정해 보겠습니다. 약 952,381원에 5% 이자까지 받으면 1년 뒤 100만 원이 됩니다. 즉 1년 뒤 100만 원을 받는 쿠폰이 있다면, 그 쿠폰의 현재가치는 약 952,381원과 같다는 뜻입니다. 만약 쿠폰을 952,381원보다 싸게 매입할 수 있다면, 조금 더 이익을 볼 수도 있습니다.

동일한 조건에서 10년 뒤 100만 원을 받을 수 있는 쿠폰의 현재 가치를 계산한다면, 약 613,913원입니다. 지금 613,913원과 미래 100만 원이 같은 금액이라는 것입니다. 10년 뒤 100만 원 쿠폰을 613,913원 보다 더 싼 가격에 구매할수록 더 큰 이득을 볼 수 있습니다. 100만 원 쿠폰이 아니라 100억 쿠폰, 1조 쿠폰 혹은 더 큰 금액의 쿠폰이 있다면, 금액은 더욱 큰 차이가 생겨날 것입니다.

금융기관과 대기업 등은 큰돈을 움직이고, 장기간에 걸친 투자와 사업을 합니다. 작은 차이로도 수십억씩 이익을 보거나 손해가 날 수 있습니다. 미래에 1,000억을 벌기 위해서 지금 얼마를 투자해야 할지, 더 좋은 투자처는 어디인지 이런 고민과 결정을 많이 합니다. 아무런 기준 없이 자본을 움직이는 것이 아니라, 할인율을 기준으로 자본을 움직입니다. 직접 계산할 필요는 없어도 거대 자본의 흐름의 방향을 가늠하기 위해서는 알아야 합니다.

리스크를 줄여라!

할인율을 기반으로 큰 금액을 장기 투자하게 되면 때로는 위험에 처하게 됩니다. 그래서 금융기관과 대기업 들은 리스크를 많이 언급합니다. '리스크(risk)'라는 단어는 이탈리아어 'risicare(리지칼레)'에서 유래되었는데, '용기를 내다' 또는 '모험하다'라는 뜻입니다. 14세기 해상 무역이 발전하던 시기에는 해적의 공격이나 폭풍우, 배의 침몰 또는 상품 손실 등 예측할 수 없는 위험이 자주 발생했습니다. 이러한 위험을 '리스크'라고 표현하기 시작한 것이 초기 개념입니다.

무역과 다양한 산업이 발전하면서 리스크는 단순히 물리적 위험에 국한되지 않고, 상업적 리스크로 확장되었습니다. 리스크는 상품 가격의 변동, 시장 수요의 변화, 계약 불이행 등 모든 위험을 포함하게 되었습니다. 그리고 리스크를 최소화하면서 이익을 얻을 수 있는 금융 기법들이 속속 등장했습니다. 덕분에 금융산업이 다른 산업 리스크를 줄여주고, 장기적인 투자 기법인 할인율을 토대로 여러 산업이 성장했습니다.

하지만 리스크를 완벽하게 없애주는 금융산업은 없습니다. 모든 투자와 사업은 원금 손실이 발생할 수 있고, 정도의 차이는 있지만 용기를 내고 모험을 감수해야 합니다. 그리고 금융기관들이 단기적 이익을 추구하거나, 오히려 정부나 개인에게 리스크를 떠넘기는 경우도 발생합니다. 금융 서비스가 정말 필요한 곳보다는, 특정 계층에 더 많은 혜택을 주는 결과로 이어질 수 있습니다. 오히려 금융산업이 리스크를 키운다는 비난을 종종 받기도 합니다.

어떤 방법으로 리스크를 줄이고 관리할 수 있을까요?

03 헤지하며 슬기롭게 리스크 관리

••••• 금융에서 리스크를 완전히 제거하는 일은 불가능합니다. 그래서 금융은 리스크를 최대한 관리하려 합니다. 금융이 원인을 제거하거나 사전에 방지할 수 없기에 관리를 하는 것입니다. 금융에서는 리스크 관리를 '헤지(hedge)'한다고 표현합니다. 리스크 헤지는 잠재적인 손실을 최소화하기 위한 다양한 방법으로, 이때 다양한 파생상품이 등장합니다. 파생상품에는 다양한 종류가 있으니, 뒤에서 알아보겠습니다.

사실 우리가 가입하는 보험도 여러 리스크 헤지 방법 중 하나입니다. 사고나 큰 병에 걸리지 않으면 좋겠지만, 사람의 앞날은 예측하기 힘듭니다. 그래서 보험회사에 매달 일정 비용을 지불하고, 사고가 발생하거나 병에 걸렸을 때 치료비와 병원비, 생활비 등을 보장받는 것입니다. 개인이 사고를 대비에 큰돈을 미리 저축하는 것보다 매달 일정 비용을 지불하는 것이 훨씬 빠르고 간단하게 리스크를 관리할 수 있는 방법입니다.

보험사 역시 다수의 가입자로부터 받은 보험료를 모아 리스크를 분산시킵니다. 예를 들어 수많은 사람들이 자동차 보험에 가입하지만, 실제로 사고를 당하는 사람은 일부에 불과합니다. 설사 보험에 가입했어도 절대다수는 사고가 나는 것을 조심합니다. 덕분에 보험사는 가입자로부터 받은 보험료를 기반으로 손실을 보상할 수 있습니다. 보험뿐만 아니라 다양한 리스크 헤지를 위한 금융 기술인 '선물(futures)' '옵션(options)' '스와프(swaps)' 등이 있습니다.

선물

미래에 '정해진 가격'에 거래

옵션

자산을 정해진 가격에 마수/매도할 '권리' 거래

스와프

이자율, 통화 등 현금 흐름을 '교환'

선물, 옵션, 스와프의 차이

리스크 헤지 3대장: 선물, 옵션, 스와프

선물 계약은 미래의 특정 시점에 자산을 정해진 가격으로 거래하는 계약입니다. 예를 들어 봄여름에 곡물 가격이 하락할 위험을 느낀 농부는 수확 후 정해진 가격으로 곡물을 판매하는 선물 계약을 체결할 수 있습니다. 이를 통해 농부는 가격 변동 리스크를 헤지하고, 안정적인 수익을 확보하게 됩니다. 농산물을 매수하는 사람은 물량을 미리 확보해서 혹시 모를 물량 부족 사태를 대비할 수 있습니다. 이런 선물계약은 농산물뿐만 아니라 다양한 자산에 적용될 수 있습니다.

선물과 비슷하지만 약간 다른 옵션이란 거래도 있습니다. 옵션은 특정 자산을 미래의 일정 시점에 정해진 가격에 거래할 수 있는 '권리'를 부여하는 계약입니다. 자산을 정해진 가격에 살 수 있는 '콜옵션', 정해진 가격에 자산을 팔 수 있는 '풋옵션' 두 가지가 있습니다. 자산 가격이 상승하면 콜옵션을 활용해 비싸진 자산을 싸게 매입할 수 있습니다. 반대로 자산 가격이 하락하면 풋옵션을 활용해 시장 상황과 무관하게 정해진 가격에 자산을 매도할 수 있습니다.

옵션과 선물은 비슷하지만 약간 다릅니다. 선물은 실물을 기반으로 거래하는 방식입니다. 마지막에 물건과 돈이 오갑니다. 하지만 옵션은 '권리'를 사고파는 과정입니다. 그 권리는 때에 따라 행사할 수도 있고, 행사하지 않을 수도 있습니다. 물론 행사하는 경우가 대부분이지만, 이익을 보는 당사자가 프리미엄을 받고 종료됩니다. 선물은 수익과 비용의 변동을 대비하는 성격이라면, 옵션은 시장의 방향이 반대로 흐를 경우 손실을 대비하는 성격이 합니다.

마지막으로 리스크 헤지 방법인 스왑프는 두 당사자가 서로 다른 금융 자산이나 부채를 '직접 교환'하는 계약입니다. 가장 익숙한 스와프는 통화 스와프입니다. 통화 스와프는 서로 다른 통화를 보유한 두 당사자가 특정 기간 통화를 교환하는 계약입니다. 환율 변동으로 인한 리스크나, 급하게 외화가 필요할 때 돈을 빌려오는 것보다 빠르게 외화를 가져올 수 있는 장점이 있습니다.

금융거래 기초 용어

다양한 금융거래에서 숏(short)과 롱(long)이라는 단어가 많이 등장합니다. 주식, 채권, 외화, 원자재 등 다양한 거래에서 사용됩니다. 'long'이라는 단어는 영어에서 '길다' 또는 '오랫동안 유지한다'라는 뜻이지요. 투자자가 자산의 가격이 상승할 것으로 기대하고 이를 장기간 보유하고자 할 때 사용하는 용어입니다. 롱 포지션(long position)은 자산 가격이 상승할 것이라고 예상하고, 그 자산을 매수하는 것을 의미합니다.

반대로 'short'이라는 단어는 영어에서 '짧다' 또는 '부족하다'라는 의미를 갖고 있습니다. 투자자가 자산 가격이 하락할 것으로 예상하고 짧게 보유하거나 빨리 팔고 싶어 할 때 사용하는 용어입니다. 금융시장에서 숏 포지션(short position)을 취한다는 것은 자산을 '짧게' 보유하거나, 자산을 '빠르게' 매도하여 차익을 얻으려는 전략을 의미합니다.

투기와 투자는 무슨 차이일까요?

04 주식시장에 나타난 황소와 곰

••••• 미국 뉴욕 맨해튼의 볼링그린공원 근처에는 무게 3.2톤, 길이 4.9미터에 달하는 거대한 황소 동상이 있습니다. '차징 불(Charging Bull)'이라는 이름의 이 동상은 머리를 낮추고 땅을 박차며 맹렬히 돌진하는 모습을 하고 있습니다. 이 황소 동상은 경제가 역경을 뚫고 다시 번영의 길로 나아가는 것을 의미하고, 주식시장이 상승하는 강세장을 상징하기도 합니다. 실제로 주식시장이 상승할 때 '불마켓(bull market)'이라 표현하기도 합니다.

반대로 경제와 주식 하락하는 구간을 '베어마켓(bear market)'이라 표현합니다. 곰은 공격할 때 발톱을 위에서 아래로 내려칩니다. 이 모습이 주식시장이 하락하는 모습과 비슷해 하락장을 상징하는 용어가 되었습니다. 베어마켓은 시장의 약세를 나타내며, 주가가 하락하고 투자자들이 비관적인 전망을 할 때 사용됩니다. 경기침체나 불황의 신호가 나타날 때도 사용됩니다.

1602년 세계 최초의 주식회사 네덜란드 동인도 회사가 설립되고, 암스테르담에 주식시장이 탄생했습니다. 이후 영국과 프랑스 등 유럽 주요 국가에도 주식시장이 탄생했습니다. 1792년 미국에서는 월스트리트에서 24명의 중개인이 모여 뉴욕증권거래소(NYSE)를 설립하면서, 오늘날의 글로벌 금융 중심지로 발전했습니다. 주식시장은 비약천리(飛躍千里)라고 할 수 있을 만큼 짧은 시간에 엄청난 발전을 이루었습니다.

투자자와 첫 만남 기업공개, IPO

그렇다면 어떻게 이렇게 초고속 성장을 할 수 있었을까요? 주식시장에서 돈을 가진 투자자와 자본이 필요한 유망한 기업이 만날 수

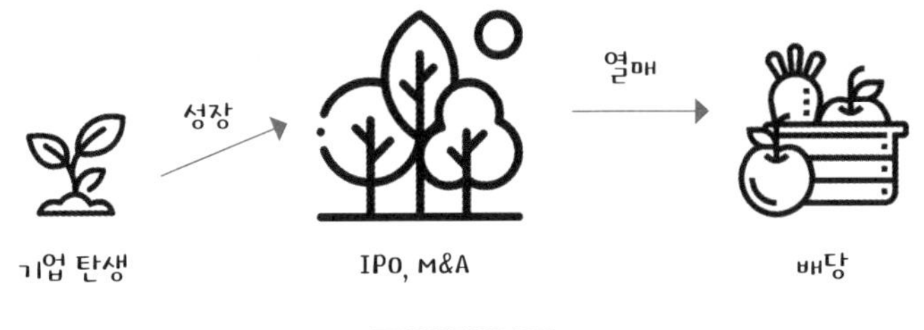

주식시장의 성장

있었기 때문입니다. 투자자와 유망한 기업이 주식시장에서 처음 만나는 일이 기업공개(IPO, Initial Public Offering)입니다. 이 만남이 잘 성사되면 투자자는 자금을 투자해 수익을 올리고, 기업은 자금을 지원받아 빠르게 성장할 수 있습니다. 기업공개를 통해서 투자자들을 만났다는 말을 '상장했다'고 표현하기도 합니다.

물론 모든 기업이 기업공개를 통해 투자자를 만날 수 있는 것은 아닙니다. 투자자는 유망한 기업에만 투자하고 싶고 자금을 필요로 하는 건 거의 모든 기업입니다. 투자자들이 모든 기업을 살펴보고, 어떤 기업이 유망한지 결정하기 어렵습니다. 종종 돈만 받고 도망가려는 기업도 있습니다. 그렇기 때문에 기업들이 주식시장에 들어가 투자자들과 만나기 위해서는 특정 조건을 갖춰야 합니다.

처음에는 조건을 갖췄더라도 주식시장에 계속 머무를 수 있는 것이 아닙니다. 기업공개 후에도 정기적으로 실적을 발표하고 정보도 투명하게 공개해야 합니다. 또한 미국은 증권거래위원회(SEC, Securities and Exchange Commission), 한국은 금융감독원의 규제와 지시 사항을 준수해야 합니다. 그렇지 않으면 시장에서 퇴출당하기도 합니다. 퇴출당했을 때는 '상장폐지' 되었다는 표현을 합니다.

기업을 사고파는 M&A

주식시상의 초고속 성장을 가능하게 만든 또 다른 엔진이 있습니다. 바로 필요한 기업을 사고파는 M&A(Mergers and Acquisitions) 덕분입니다. 합병(merger)은 서로 다른 두 기업을 합쳐서 새로운 기업을 만드는 것이고, 인수(acquisition)는 한 기업이 다른 기업을 통째로 흡수하는 방식입니다. 기업은 M&A를 통해 시장 점유율을 확대할 수 있으며, 새로운 사업 기회를 창출해 빠르게 성장할 기회를 잡을 수도 있습니다.

또한, M&A를 통해 생산량이 증가함에 따라 비용을 절감되는 규모의 경제를 달성할 수 있습니다. 예를 들어, 기업 규모가 커지면 원자재를 대량으로 구매해 더 낮은 가격에 구매할 수 있고, 중복되는 물류비용, 마케팅 비용, 연구개발(R&D) 비용 등도 절감이 가능합니다. 기업은 개당 가격을 낮춰서 더 많은 사람에게 판매하면, 소수에게 비싸게 파는 것보다 많은 이익을 남길 수도 있습니다.

기술 혁신이 필요한 경우, 기술력이 있는 기업을 인수해 시간과 비용을 절약하고 경쟁력을 확보할 수도 있습니다. M&A를 통해 기업이 단기간에 빠르게 성장할 수 있는 토대를 마련할 수 있게 되면서, 주식시장의 빠른 성장에 도움이 되었습니다. 물론 M&A 이후 두 기업의 자산, 시스템, 인력 등을 통합하는 과정이 매우 복잡해서 성공이 반드시 보장되지 않습니다. M&A는 빠르게 성장하는 만큼 성장도 이 큰 방법이라 할 수 있습니다.

배당

배당(dividend)은 기업의 이익 일부를 기업 주식을 소유한 사람이나 단체인 주주(株主, shareholder)에게 돌려주는 제도입니다. 19세기에 철도와 통신, 석유 그리고 제조업 등 대규모 산업들이 등장하면서 기업들은 더 많은 투자자를 유치하기 위해 안정적인 배당을 약속하기 시작했습니다. 이는 주주들이 주식을 장기적으로 보유할 수 있게 하는 동기가 되었습니다. 또한 배당금 지급으로 일반 사람들까지 주식시장에 더욱 많은 관심을 보이기 시작했습니다.

하지만 2000년대 들어서는 IT 기업들이 이익을 주주에게 배당으로 돌려주기보다 재투자를 통해 더 빠르게 성장하는 전략을 펼치기 시작했습니다. 실제로 애플, 구글, 아마존, 페이스북 등 IT 기업들은 배당보다는 이익을 재투자하여 더 빠른 성장을 했습니다. 덕분에 기업 가치와 주식 가격을 급격하게 성장시키면서, 새로운 산업을 발전시키고 주식시장 상승을 이끌었습니다.

물론 여전히 많은 대기업은 주주들에게 꾸준히 배당금을 지급하고 있습니다. 배당은 투자자들에게 안정적인 수익원을 제공하는 주요 전략 중 하나로 남아 있습니다. 배당은 현금 배당과 주식 배당의 형태로 이루어집니다. 현금 배당은 주주들에게 직접 현금을 지급하고 주식 배당은 추가 주식을 발행해 주주들에게 지급하는 방식입니다. 배당은 분기별, 반기별, 연간으로 지급되는데 기업 실적 발표 이후 주로 배당금이 정해집니다.

우리나라의 주식시장은 정상적으로 작동하고 있을까요?

05 자본주의의 고속도로, 대출과 신용

••••• 대출이라는 제도는 좋은 제도일까요? 나쁜 제도일까요? 대부분의 사람은 대출이라는 용어를 부정적으로 인식하고 거부감을 느낍니다. 돈을 빌리면 원금에 이자까지 더해서 갚아야 하기에 재정적으로 부담되기 때문입니다. 그리고 돈을 빌리러 금융기관에 갈 정도면 이미 재정적으로 어려워진 상태입니다. 대출을 받아야 하는 상황에 부딪치고 싶은 사람은 없을 것입니다. 때문에 대출이라는 용어는 나쁘게 느껴집니다.

물론 대출은 정말 필요할 땐 많은 도움을 주는 제도입니다. 기업들은 대출을 통해 생산 시설을 확장하거나 R&D에 투자해 생산성을 높이고 고용을 창출합니다. 개인은 대출을 통해 주택 구매나 학비 지출 등 큰 규모의 경제적 결정을 내릴 수 있습니다. 경제 전반의 투자와 소비 활동을 증가시킵니다. 금융기관은 대출제도를 이용해 자본이 한 곳에 고여 있지 않고 자금이 부족한 곳으로 흐를 수 있게 만들기도 합니다.

대출은 잘 사용하면 좋은 제도인 것이 분명하지만, 위험하기도 합니다. 우리가 아는 대부분의 금융위기는 무분별한 대출로 인해서 발생한 경우가 많습니다. 과도한 대출이 시장에 버블(거품)을 만들고, 그 거품이 꺼지면서 금융시장을 크게 무너뜨렸습니다. 금융산업의 발전으로 다양한 대출이 등장하고, 시장에 생기와 활력을 불어넣었습니다. 반면에 시장에는 다양하고 더 큰 리스크를 만들어내는 양날의 검이 된 것입니다.

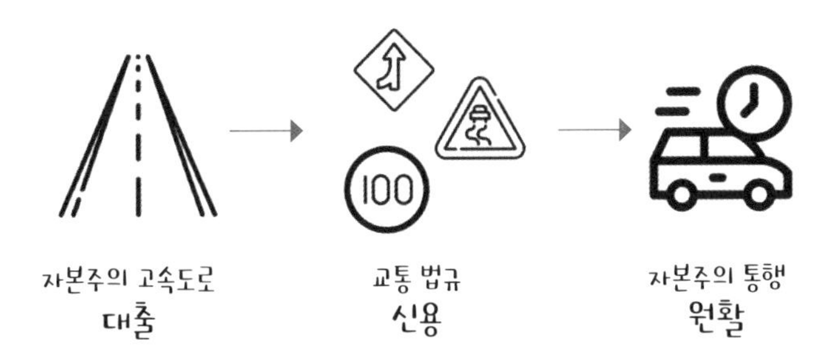

자본주의 고속도로 대출

자본주의 신용 고속도로

대출은 금융기관이 기업이나 개인에게 돈을 빌려주는 행위입니다. 그리고 대출보다 넓은 의미인 부채가 있습니다. 부채는 갚아야 하는 모든 돈을 부르는 명사입니다. 외상거래, 채권, 신용카드 금액 등 모든 금액을 포함합니다. 그래서 '부채가 00만 원 있어' 이렇게 표현합니다. 그렇다면 어떻게 자본주의는 필요한 만큼 현금을 지불하지 않는 대출과 부채가 등장했을까요?

자본주의는 수많은 대출과 부채가 얽혀서 돌아가는 고속도로입니다. 자본주의 고속도로에는 신용(credit)이라는 교통법규가 있습니다. 신용은 개인이나 기업이 자금을 빌리고 갚을 수 있는 능력을 의미합니다. 모두가 신용 교통법규를 잘 지키면 원하는 목적지까지 빠르고 쾌적하게 갈 수 있고, 자본이 사회 곳곳 필요한 곳으로 잘 이동할 수 있습니다.

하지만 신용이 낮은 사람이 고속도로에 많이 들어오면 사고가 발생할 수 있습니다. 이렇게 되면 자본주의 고속도로는 그야말로 대혼란에 빠지게 됩니다. 고속도로에 차들이 멈춰서 움직이지 못하는 것처럼 자본이 필요한 곳으로 이동할 수 없는 상황이 찾아올 수 있습니다. 금융에서 이런 상황을 신용경색, 신용위기, 유동성 위기 등에 빠졌다'고 표현합니다.

유동성(liquidity)은 자산을 현금으로 빠르게 전환할 수 있는 능력을 말합니다. 높은 유동성은 자산을 빠르게 현금화할 수 있는 능력입니다. 반대로 낮은 유동성은 자산을 현금화하는 데 시간이 오래 걸립니다. 현금화가 늦어지는 경우, 자산 가치가 크게 하락할 수 있습니다. 그래서 기업이나 금융기관은 유동성을 중요하게 생각합니다. 유동성이 부족하거나 능력이 떨어지면 현금이 부족해 큰 곤란을 겪을 수 있기 때문입니다.

모기지, 뭐가 문제야?

모기지(mortgage)는 주택 구입을 원하는 개인이나 기업에 금융기관이 필요한 자금을 빌려주는 대출 제도입니다. 우리나라에서는 모기지라는 말보다 주택담보대출, 줄여서 '주담대'라고도 부릅니다. 주택은 개인이 돈을 모아서 구매하기엔 시간이 너무 오래 걸릴 정도로 가격이 비싼 재화입니다. 그래서 대부분은 주택을 구매할 때 은행에서 먼저 돈을 빌립니다. 개인과 기업은 주택을 사용할 수 있고, 은행은 장기간 이자 이익을 얻는 구조입니다.

물론 은행은 돈을 못 받을 것을 대비해 주택을 담보로 잡습니다. 담보는 금융기관이 돈을 못 받을 경우, 손실을 보전할 수 있도록 제공되는 물건입니다. 모기지의 담보는 대부분 주택입니다. 즉 대출을 받아 집을 구매하고 이자와 원금을 제때 갚지 못하면, 은행은 주택을 시장에 팔아 리스크를 줄입니다. 안타깝지만 이 과정에서 주택을 소유한 개인이나 기업은 주택 소유권을 빼앗기게 됩니다.

모기지는 장기 대출로 제공되며, 일반적으로 15~50년에 걸쳐 상환됩니다. 이자율은 고정과 변동이 있습니다. 고정 금리는 대출 기간 일정한 이자율을 유지하는 반면, 변동 금리는 시장 금리에 따라 변동될 수 있습니다. 모기지 대출로 인해 주택은 금융시장의 일부가 되었습니다. 실물과 금융이 서로 강력하게 연결되면서 한 곳이 위험해지면 다른 곳도 위험해지는 관계가 되었습니다.

특히 우리나라의 경우는 주택담보대출이 2024년 2분기 1,800조를 넘었습니다. GDP의 100% 가까이 됩니다. 1년 소득에서 한 푼도 안 써야 간신히 갚을 수 있는 돈입니다. 돈을 갚지 않으면 금융기관들이 위험에 처할 것입니다. 반대로 돈을 갚는다면 개인과 기업이 쓸 수 있는 돈이 줄어들어 소비가 감소합니다. 모기지로 인해 금융시장과 실물시장 모두가 위협받을 수 있는 상황에 처했습니다.

부채에 어떤 다양한 종류가 있을까요?

06 자금을 먹고 쑥쑥 자라는 기업들

•••••　개인이 사업을 하면 되는데 사람들은 왜 굳이 기업을 따로 만들었을까요? 여러 이유가 있지만 가장 큰 이유는 리스크가 줄어들기 때문입니다. 개인은 사업과 관련된 모든 법적 책임을 직접 부담해야 하고, 사업에서 발생한 부채나 손해를 모두 책임집니다. 하지만 기업은 법적으로 개인과 분리된 독립된 존재입니다. 기업의 부채는 기업 자체가 부담하게 됩니다. 주주나 경영진의 개인 자산은 별개로 보호를 받게 됩니다. 그만큼 사업 리스크도 줄어들게 됩니다.

그리고 기업은 설립된 후 주주나 경영진이 바뀌더라도 계속해서 존재할 수 있습니다. 덕분에 세대를 뛰어넘어 장기적인 계획을 세울 수 있습니다. 반면, 개인은 사망 시 재산이나 권리, 책임이 상속되는 과정에서 사업이 없어지거나 변동이 생길 수 있습니다. 기업이라는 그릇은 장기적인 사업, 연구개발, 투자, 자본 축적을 하는데 매우 적합한 사업 형태입니다.

마지막으로 기업은 자본을 조달할 방법이 많습니다. 개인은 금융기관 대출 외 별다른 자본 조달 방법이 없습니다. 반면 기업은 주식 발행, 채권 발행, 정부 지원 등 다양한 방법을 통해 대규모 자본을 끌어모을 수 있습니다. 대규모 자본을 유치한 덕분에 대규모 사업을 장기간 진행할 수 있습니다. 우리가 아는 대부분 글로벌 대기업들은 주식회사의 형태를 띠고 있습니다. 그만큼 큰 사업을 하는 데 적합하기 때문입니다.

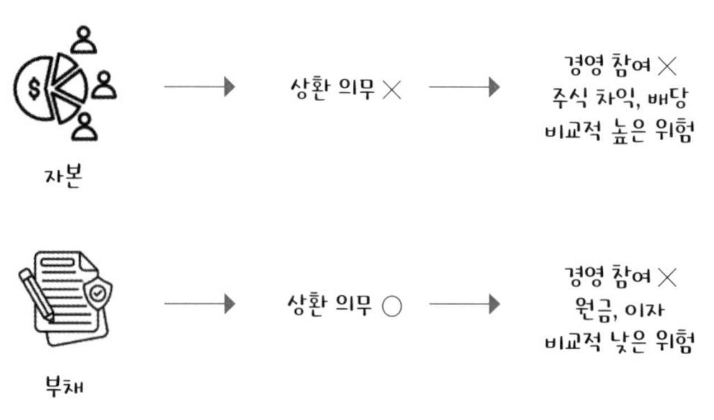

자본과 부채의 차이

자기자본과 부채의 차이점

기업은 사업자금이 필요하면 주식을 발행해 자본을 늘리거나, 채권을 발행해 부채를 늘려서 자금을 마련합니다. 외부에서 돈을 받아오는 건 둘 다 마찬가지인데 왜 자본과 부채로 구분할까요? 기본적으로 주식은 상환의무가 없고, 부채는 상환의무가 있다는 점이 다릅니다. 주식은 내 호주머니의 돈이라서 '자기자본(equity)'이라 부르고, 남에게 반드시 갚아야 하는 돈은 '부채(liabilities)'라 구분해 부르는 것입니다.

또한 주식을 보유한 사람은 주주들이 모여 기업의 중요한 결정을 내리는 공식적인 회의인 주주총회(Shareholders' Meeting)에 참석할 수 있습니다. 주주들은 기업의 소유자로서, 경영진이 기업 운영에 대해 보고를 받습니다. 중요한 사안에 대해 투표권도 행사할 수 있습니다. 심지어 투표를 통해 경영진도 교체할 수 있는 권한을 가지고 있습니다. 그래서 기업의 진짜 주인은 주주들입니다. 반면 부채는 기업 경영에 결정 권한이 전혀 없습니다.

그리고 주주들에게는 배당을 통해 이익을 돌려줘야 하지만, 강제는 아닙니다. 반면 부채는 이자를 정해진 기간에 금융기관에 반드시 지급해야 합니다. 배당은 안 해도 문제가 안 될 수 있지만, 이자는 지급하지 않으면 법적으로 큰 문제가 될 수 있습니다. 부채를 발행하는

게 주식을 발행하는 것보다 큰 부담인 이유입니다.

그렇다면 주식 발행이 유리한 것일까요? 반드시 그렇지 않습니다. 기존 주주들이 반대할 가능성이 높기 때문입니다. 새로운 주식이 늘어나는 만큼 시장에서 주가가 하락할 수 있습니다. 그리고 새로운 주인이 늘어난 만큼 배당도 줄어들 것입니다. 배당이 줄어들고 주가가 하락할 것을 반기는 주주는 없습니다. 기업으로서도 신규 주식 발행은 쉽지 않습니다. 신규 주식을 발행하기 위해서는 금융당국의 허가가 필요하기 때문입니다. 조건과 절차가 복잡하고 깐깐해 쉽지 않습니다.

기업들이 발행하는 다양한 채권, 사채

기업들이 발행하는 채권은 회사채(會社債)입니다. 사채라고 부르기도 합니다. 무시무시한 이자를 지급하는 개인 사채(私債)와 발음은 같지만 가리키는 것은 서로 전혀 다릅니다. 기업들의 채권은 발행 목적이나 상환 조건 등에 따라 여러 종류로 나뉩니다. 기업은 채권을 직접 발행하지 않고 증권사를 통해서 발행하고 투자자를 모집합니다. 보통 담보 없이 발행되며, 신용도와 시장의 상황에 따라 이자율은 수시로 변동됩니다.

채권의 종류는 다양합니다. 일정 조건에 따라 기업의 주식으로 전환할 수 있는 권리가 부여된 전환사채(CB, Convertible Bond)가 있습니다. 그리고 채권과 별개로 투자자가 일정한 가격으로 기업의 신규 주식을 구입할 권리가 있는 신주인수권부사채(BW, Bond with Warrants)도 있습니다. 그 밖에 기업이 파산하거나 청산될 경우, 다른 채권보다 상환 순위가 낮은 후순위채권도 있습니다. 이외에도 다양한 채권이 있습니다.

채권과 비슷하지만 약간 다른 기업어음(CP, Commercial Paper)도 있습니다. 둘의 차이는 기간입니다. 기업어음은 1년 이내로 발행되며 만기가 짧습니다. 반면 채권은 1년에서 30년 이상까지 다양합니다. 기업이 장기로만 자금을 빌리면 필요 이상으로 이자 비용이 많이 나갈 수 있습니다. 게다가 두세 달 뒤에 돈이 많이 들어오는데, 굳이 10년 넘는 채권을 발행할 필요가 없습니다. 그래서 기업은 필요에 따라서 기업어음과 채권을 발행해 자금을 조달합니다.

기업들이 필요한 시장의 자금은 누가 공급해 줄까요?

07 은행은 자본이 모이는 호수

•••••　우리는 돈을 맡길 때 주로 은행을 이용합니다. 그렇다면 은행은 우리의 돈을 받아서 무엇을 할까요? 개인 각자가 가진 돈은 크지 않지만, 많은 사람들의 자금이 모이면 큰 자금이 생겨납니다. 마치 작은 시냇물이 흘러서 큰 호수에 모이는 것과 같습니다. 작은 시냇물에는 작은 물고기 살지만, 호수에는 큰 물고기가 살 수 있습니다. 개인의 돈으로는 작은 사업만 할 수 있지만 은행에 모인 자금으로 큰 사업과 기업의 성장을 지원할 수 있습니다. 은행은 시장의 파이를 더욱 크게 만드는 역할을 한 것입니다.

그리고 은행은 금융시장에서 자금 중개자 역할을 담당합니다. 은행은 개인과 기업으로부터 예금을 받습니다. 이를 대출의 형태로 개인, 기업 또는 정부에게 자금을 빌려줍니다. 이 과정에서 은행은 예금자들에게는 이자를 지급하고 대출을 받는 사람들에게는 자금을 공급합니다. 자금의 수요자와 공급자를 이어주는 역할을 하면서 자금이 필요한 곳에 효율적으로 배분합니다. 자금 수요와 공급자들이 이어주면서 윈윈하는 게임을 만들기도 합니다.

또한 은행은 결제 시스템을 제공합니다. 계좌를 통해 송금, 자동이체, 신용카드 결제 등의 서비스를 이용하고 있습니다. 우리가 인터넷에서 편하게 결제하고 물건을 받을 수 있는 것은 은행 덕분입니다. 은행이 없다면 매번 현금을 들고 매장까지 가는 불편을 겪을 것입니다. 기업들 역시 은행을 통하지 않고 현금을 사용한다면 거래가 매우 불편합니다. 은행의 안정적인 결제 시스템 덕분에 거래 비용이 줄어들고, 경제 활동의 원활한 흐름을 유지할 수 있습니다.

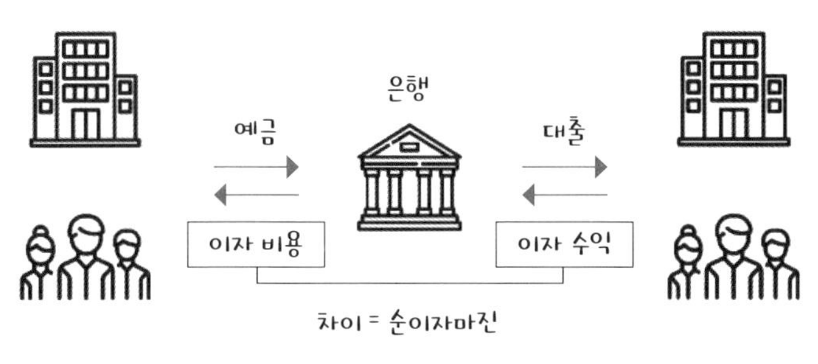

은행의 순이자마진 구조

은행의 영업 방식

그렇다면 은행은 남 좋은 일만 할까요? 당연히 은행도 수익을 보고 있습니다. 기업과 개인에게 대출을 해주고 벌어들이는 이자로 수익을 올립니다. 반대로 고객에게 예금을 받고 채권을 발행해 지급해야 하는 이자 비용이 있습니다. 은행은 수익과 비용의 차이만큼 돈을 벌어갑니다. 그리고 지불하는 이자와 벌어들이는 이자의 차이를 순이자마진(Net Interest Margin)이라 말합니다.

순이자마진은 대출 금리가 높고 예금 금리가 낮을수록 커집니다. 반대로, 대출 금리가 낮아지고 예금 금리가 높아지면 순이자마진은 줄어듭니다. 은행은 당연히 대출금리는 높게 받고 예금금리는 낮게 주고 싶을 것입니다. 하지만 은행이 마음대로 금리를 정할 수는 없습니다. 예금금리는 기준금리와 여러 은행의 경쟁으로 변합니다. 채권, 주식 배당 등과도 경쟁해야 합니다. 무작정 낮출 수 없습니다.

대출금리 역시 기준이 있습니다. 기본적으로 법정 최고 이자율은 20%로서, 20%가 넘는 이자는 받을 수 없습니다. 그리고 은행연합회에서 대출금리 투명성을 위해 코픽스(COFIX, Cost of Funds Index) 금리를 매월 발표합니다. 코픽스 금리는 은행이 조달하는 자금의 평균 비용을 반영한 금리입니다. 은행이 자금을 빌려오는 '원가'라 할 수 있습니다. 코픽스를 통해 원가를 공개해서 과도한 이자 비용을 청구하는 것을 방지하는 것입니다.

뱅크런을 방지하는 시스템

대출을 많이 해줄 수록 은행은 이자 수익이 많아집니다. 하지만 과도하게 대출을 해준다면 금융 시스템이 위험에 처할 수 있습니다. 고객들의 돈을 다 대출해 주고 남아있는 잔고가 없으면, 고객들이 은행에 갔을 때 돌려줄 돈이 없게 됩니다. 이렇게 되면 사람들은 은행을 신용하지 않고 위험하다고 생각해, 돈을 맡기지 않고 인출하려 할 수 있습니다. 사람들이 모두 돈을 인출하려 하는 뱅크런(Bank-run) 사태가 발생하게 됩니다.

이런 뱅크런을 방지하기 위해 '예금자보호제도'가 있습니다. 금융기관이 파산하거나 지급 불능 상태에 빠질 경우, 예금보호공사에서 은행에 예금한 사람들의 돈을 일정 금액까지 보호하는 제도입니다. 한 금융기관 당 예금자 1인 기준 최대 5,000만 원까지 원금과 이자를 합친 금액을 보호합니다. 이 제도는 예금보호공사가 금융기관들에 예금 보험료를 받아서 운영하고 있습니다. 자신의 예금이 보호받을 수 있다는 사람들의 믿음으로써 금융 시스템이 안정적으로 유지될 수 있습니다.

은행도 국제결제은행(BIS, Bank for International Settlements)의 기

준으로 규제를 받습니다. 물론 세계 각국 정부의 감독과 규제도 중요합니다. 하지만 글로벌 무역과 금융거래가 늘어나고 있는 만큼 국제기준은 더욱 중요해지고 있습니다. 2008년 리먼브라더스(Lehman Brothers)의 파산의 여파는 몇몇 국가에만 국한되지 않고, 글로벌 금융 시스템을 연쇄적으로 파괴했습니다. BIS의 기준은 외국인 투자를 유치하고 안전하게 무역하기 위해서 꼭 지켜야 하는 경기 규칙이 되었습니다.

예를 들어 BIS에서는 은행이 잠재적 손실에 대응할 수 있는 재무적 완충 장치를 확보하도록 하도록 규정하고 있습니다. 그리고 은행이 단기 유동성 위기에 대응할 수 있도록 고유동성 자산을 충분히 보유하도록 하는 규정도 있습니다. 이밖에 은행의 리스크 관리와 재무 건전성을 위한 다양한 안전장치를 마련하도록 규정하고 있습니다. 많은 내용을 담고 있기에 뒤에서 다시 다루도록 하겠습니다.

호수에 모이지 않는 자금은 어디로 흘러갈까요?

08 자금을 끌어오는 강줄기, 펀드

••••• 우리가 얻는 소득은 근로소득과 자본소득으로 나뉩니다. 근로소득은 사람들이 직접 일해서 번 소득입니다. 반면 자본소득은 돈을 투자해 돈을 일하게 해서 얻는 소득입니다. 당연히 노동소득이 훨씬 더 값지고, 사회를 움직이는 동력으로 필수적인 요소입니다. 그럼에도 사람들은 자본소득에 관심을 가집니다. 그래서 자본소득은 일하지 않고 얻는 불성실한 소득으로 오해를 받기도 합니다.

하지만 세계에서 가장 성공한 투자자 워런 버핏(Warren Buffett)은 "내가 자는 순간에 돈이 들어오지 않으면 깨어있는 시간을 평생 일해야 한다."라고 말했습니다. 노동소득도 중요하지만 자본소득도 중요하다는 것을 말하는 것입니다. 자본소득을 올리는 방법은 다양합니다. 예금을 통해 이자를 받을 수 있고, 연금을 납부해 나중에 연금을 받을 수 있고 채권을 구매해 이자를 받을 수 있으며, 주식에 투자해 배당을 받을 수 있습니다.

자본소득을 노동하지 않고 버는 달콤한 소득이나, 무리해서 몇 배를 벌려고 하는 투기와는 구분해야 합니다. 세상에 자금을 필요로 하는 기업과 사업은 많습니다. 작은 자본을 모아서 시장에 자금이 흘러갈 수 있는 다양한 길을 터준다면, 경제 발전에 기여할 수 있습니다. 때로는 작은 자본들이 모여서 큰 강줄기를 만들고, 더 큰 바다를 만들기도 합니다. 이 과정에서 기업이 성장하고 고용과 소비를 촉진하는 좋은 자본 소득을 만들어 내기도 합니다.

티끌모아 태산 펀드

개인 투자자들은 혼자 투자하기보다 전문가들이 자금을 모아서 운영하는 펀드를 많이 활용합니다. 펀드는 크게 공모펀드(public funds)와 사모펀드(private funds)로 나뉩니다. 공모펀드는 일반 대중을 대상으로, 공개적으로 모집된 펀드입니다. 누구나 접근성이 편하기에 규제가 상대적으로 엄격합니다. 반면, 사모펀드는 소수의 투자자로부터 비공개적으로 자금을 모집하는 펀드입니다. 유연한 투자 전략을 취할 수 있어서 고위험 자산에 투자하는 데 유리합니다.

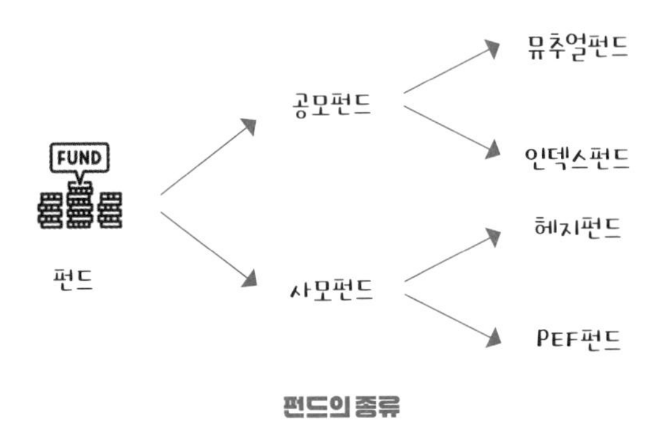

펀드의 종류

공모펀드는 다시 뮤추얼펀드(mutual fund)와 인덱스펀드(index fund)로 나뉩니다. 뮤추얼펀드는 전문가들이 주식, 채권, 부동산 등 다양한 자산에 투자하는 펀드입니다. 뮤추얼펀드는 전문가의 운용 능력에 따라 수익률이 크게 좌우됩니다. 그래서 상대적으로 운용 수수료가 비싼 편입니다. 적극적인 투자 전략을 통해 더 높은 수익을 추구하기에 액티브펀드(active fund)에 속합니다.

인덱스펀드는 S&P500이나 코스피처럼 특정 주가지수를 추종하는 펀드입니다. 최소한 시장 평균 수익률을 달성할 수 있습니다. 특정 시장에 포함된 주식을 비율대로 투자하고, 주기적으로 비중을 조정하여 운용되기에 자동으로 시장 수익률을 따라갑니다. 시장 전체의 움직임을 따라가기에 패시브펀드(passive fund) 속합니다. 분산 투자의 효과를 누리면서 시장 전체에 투자할 방법으로 초보자들에게 인기가 높습니다.

사모펀드는 투자 전략에 따라 다시 헤지펀드(hedge fund)와 사모투자펀드(PEF, Private Equity Fund)로 분류됩니다. 헤지펀드는 다양한 투자 전략을 활용하여 시장 변동성과 관계없이 수익을 추구하는 펀드입니다. 주식, 채권, 파생상품, 통화, 원자재 등 다양한 자산에 고도의 투자 기법을 사용하여 높은 수익을 추구합니다. 시장이 하락하는 상황에서도 수익을 낼 수 있는 전략을 구사하기도 합니다. 높은 리스크와 단기적인 투자 전략을 구사합니다.

사모투자펀드는 상장되지 않은 기업의 지분을 사들여 경영에 참여하고, 기업의 가치를 높인 후 기업을 매각하는 투자 전략을 펼칩니다. 주로 비상장 기업이나 부실기업의 경영권을 인수해 구조조정, M&A, IPO 등을 통해 기업의 가치를 높입니다. 유망한 기업의 성장 초기 단계에 투자하는 벤처캐피털(venture capital) 방식도 있습니다. 경영권 확보 후 기업 경영을 목표로 하기에 장기간 투자해야 하고, 경영의 불확실한 리스크가 발생합니다.

투기와 투자의 차이

금융에서 투기와 투자는 한 글자 차이지만 하늘과 땅만큼 차이가 큽니다. 부동산은 안전하니 투자이고, 주식은 위험하니 투기일까요? 투자와 투기를 가르는 차이는 투자 대상이 아니라 리스크 관리에 있습니다. 아무리 안전 자산도 무리해서 리스크를 견딜 수 없다면 투기입니다. 반대로 위험 자산도 자신이 리스크를 견딜 수 있고, 그 리스크도 잘 분산시키면 투자가 될 수 있습니다.

또한 방식에도 차이가 있습니다. 투자는 장기적인 관점에서 자산의 가치가 높아짐에 따라 안정적인 이익을 얻습니다. 투자는 기업의 성장성, 수익성, 시장 전망 등 기본적인 요소를 기반으로 이루어집니다. 반면 투기는 단기적인 가격 변동에 의존한 수익을 추구하고, 자산의 가치보다는 시장의 흐름이나 심리적 요인에 집중합니다. 투기는 단기간에 높은 수익을 추구하고, 시장 변동성에 크게 흔들릴 수 있습니다. 그래서 한 번의 실패가 큰 손실로 이어지기도 합니다.

지금 여러분은 투자와 투기 중 무엇을 하고 있나요?

09 현대판 연금술, 금융 산업

••••• 연금술은 고대부터 중세에 이르기까지 일반 금속을 금으로 바꾸고, 만병통치약을 찾으려는 시도였습니다. 지금 생각하면 말도 안 되는 얘기지만 화학과 의학 발전에 기여하기도 했습니다.

금융은 현대판 연금술입니다. 연금술사가 가치가 낮은 금속을 금으로 바꾸려 했듯이, 금융은 대출과 부채, 자금 모집 등을 활용해 더 큰 부를 만드는 시도를 합니다. 연금술은 이제 사라졌지만 금융은 아직도 시도와 실패를 거듭하고 있습니다.

대표적인 금융 연금술 중에 차입금 또는 부채를 활용하는 '레버리지(leverage)'가 있습니다. 레버리지는 물리학 용어입니다. 지렛대를 의미하는데, 작은 힘으로 더 큰 물체를 움직일 수 있는 원리입니다. 고대 그리스의 과학자인 아르키메데스는 "나에게 충분한 길이의 지렛대와 설 수 있는 곳을 달라. 그러면 나는 지구를 움직일 수 있다."라는 말을 남겼는데, 레버리지의 핵심 아이디어를 나타냅니다.

지렛대를 활용해 적은 힘으로도 더 큰 일을 해낼 수 있다는 원리는 다양한 분야에서 응용되었습니다. 특히 금융 분야에서 레버리지는 자신의 자본보다 훨씬 많은 자금을 빌려서 더 큰 규모의 투자와 사업을 하는 것을 의미하게 되었습니다. 레버리지를 활용하면 자본 대비 더 많은 이익을 얻을 수 있지만, 반대로 손실이 더 커지기도 합니다. 물론 금융의 연금술이 개인과 사회에 많은 기회와 부를 가져다 주었지만, 금을 만들지 못한 연금술처럼 한계도 존재합니다.

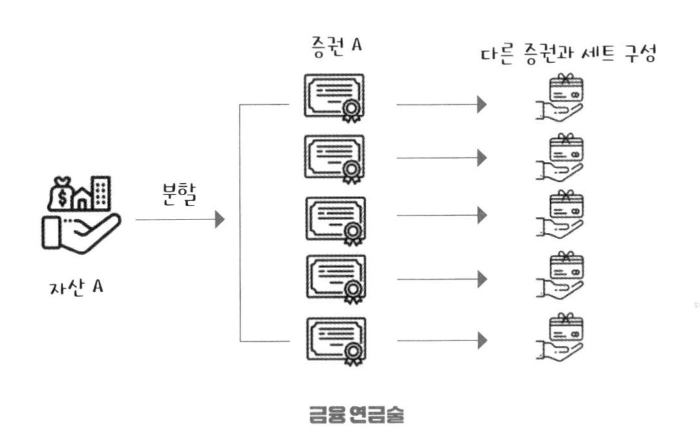

금융 연금술

자산을 쪼개 팔아보자, 자산유동화증권

50층 빌딩을 한 명에게 파는 것이 쉬울까요, 50명 혹은 그 이상에게 파는 것이 쉬울까요? 당연히 50명 이상에게 파는 것이 더욱 쉬운 일입니다. 금액도 한두 사람이 감당하기 힘들 만큼 크고 일일이 관리하기도 어려운 재화이기 때문에 매수자를 구하기 쉽지 않습니다. 반면 나눠서 여럿에게 판매하면, 가격도 낮아지고 구매하는 사람의 부담도 덜합니다. 이런 비슷한 원리를 적용해서 다양한 자산을 판매하기 쉽게 나누어서 파는 금융 기법이 있습니다. 바로 자산유동화증권(ABS, Asset-Backed Securities)입니다.

ABS는 부동산, 주식, 채권 등 큰 자산을 작은 단위로 나누어서 티켓 형태와 비슷하게 증권 서류를 나누어 주어 판매하고 현금화(유동화)하는 것을 의미합니다. 금융기관은 보유한 자산을 유동화해서 빠르게 현금으로 바꾸고, 각각의 자산에 존재하는 리스크를 다른 곳으로 분산시킬 수 있습니다. 반면 투자자는 다양한 유형의 자산에 적은 금액으로도 투자할 기회를 얻을 수 있습니다.

ABS는 금융권이 대출해 준 자동차 대출, 신용카드, 학자금 등 다양한 자산을 기초로 합니다. 즉 자산을 나누었지만 각각의 자산마다 담보가 있습니다. 그 때문에 투자자들은 안심하고 구매하는 경우가 많습니다. 그리고 금융기관이 ABS를 판매할 때는 직접 판매하지 않습니다. 별도의 회사를 설립해서 그 회사에 자산을 옮긴 다음에 판매합니다. 번거롭지만 별도의 회사를 만들어 리스크를 분산시키기 위해서입니다.

다양한 금융산업의 연금술

ABS와 같은 금융 연금술은 여기서 끝나지 않습니다. 비슷한 원리로 다양한 자산을 작게 나눠서 판매합니다. 대표적으로 주택저당증권(MBS, Mortgage-Backed Securities)이 있습니다. MBS는 주택담보대출만을 기초 자산으로 만듭니다. 은행은 주택담보대출을 여러 개를 묶어 작게 나누어서 티켓 형태인 증권을 발행합니다. 투자자들은 이 증권(티켓)을 구입하여 주택담보대출에서 발생하는 이자와 원리금 수익을 가져갑니다.

부채담보부증권(CDO, Collateralize Debt Obligations) 역시 유명합니다. ABS와 MBS가 단일 과일을 포장해서 판매하는 것이면, CDO는 여러 과일을 같이 포장해서 선물 세트를 만드는 구조입니다. ABS와 MBS는 큼직한 자산을 나누어 판매합니다. 하지만 CDO는 여러 자산을 나누어서 여러 바구니에 담아서 포장해 판매합니다. 좋은 과일 세 개, 보통 과일 두 개, 약간 안 좋은 과일 한 개를 담아서 그냥 놔두면 안 팔릴 과일(자산)까지 끼워서 파는 구조입니다.

CDO는 2008년에 크게 문제가 되기도 했습니다. 안 팔리는 과일이 아니라 썩은 과일까지 같이 담는 바람에 모든 과일이 같이 상해버리는 문제가 발생한 것입니다. 당시에는 과일(자산) 개수를 늘리고, 상한 과일을 잘 안 보이게 숨겨서 전 세계에 판매했습니다. 게다가 파는 나라가 경제 대국 미국이기에 구매자는 믿고 구매했습니다. 결국 전 세계 경제가 배탈이 나는 사태를 겪게 되었습니다. 금융 연금술이 해롭다고 크게 비판을 받기도 했습니다.

2008년 이후 ABS, MBS, CDO 등 금융 기술은 규제를 받게 되었습니다. 미국에서는 2010년에 '도드-프랭크법(Dodd-Frank Act)'이 통과되어, 상품을 발행하는 기관이 기초 자산의 일정 부분을 보유하도록 만들었습니다. 위험한지 아닌지 판매자가 먼저 테스트해 보고 판매하라는 의미였습니다. 또한, 상세한 정보 공개를 의무화해, 구매자가 충분히 위험성을 알 수 있게끔 했습니다. 금융 연금술이 큰 성장통을 겪은 것입니다. 물론 앞으로도 금융은 또 다른 성장통을 겪을 수도 있겠습니다.

우리나라 금융 산업은 신뢰할 수 있을까요?

10 금융 기술로 변신하는 기업들

••••• 가끔 공부나 직장, 집안일이 힘들면 내가 몇 명 더 있어서 어려운 일은 다 맡기고 편하게 쉬고 싶다는 생각이 들 때가 있습니다. 기업들은 이렇게 엉뚱한 우리의 발상을 현실화하기도 합니다. 실제로 기업들은 복잡한 일만 하는 회사를 따로 만들기도 합니다. 그래서 기업들을 보면 로고가 비슷하지만 다른 물건과 서비스를 팔기도 합니다. ○○건설, ○○전기, ○○보험, ○○증권 등 같이 같은 회사가 여러 업종을 동시에 하는 경우도 많습니다.

이것이 가능한 이유는 개인은 복제가 불가능하지만, 기업들은 조건을 갖추고 정부에 신청만 하면 새로운 기업을 만들 수 있기 때문입니다. 다양한 업무를 기반으로 기업을 만들기도 하지만 자금을 효율적으로 보관하거나 활용하기 위해 별도의 기업을 만들기도 합니다. 우리가 생활비와 투자금, 비상금 등을 별도의 통장을 만들어 보관하는 것과 비슷합니다. 기업들은 가진 돈의 단위가 훨씬 크기에, 자금을 안전하고 효율적으로 보관하는 것은 중요한 숙제입니다.

기업을 여러 개 만들면 장점도 있습니다. 세금을 합법적으로 줄일 수도 있고 정부 지원을 받거나, 규제를 우회할 수 있기도 합니다. 부채를 한 기업에 모으는 것이 아니라 효율적으로 배분한다면 금융기관에서 추가 자금 빌릴 수도 있습니다. 새로운 사업에 신규 투자자를 모집할 때도 좋은 인상을 줄 수 있습니다. 금융 산업과 기술은 비약적으로 발전했고, 이제는 기업들이 금융의 이점을 적극 이용하는 시대가 되었습니다.

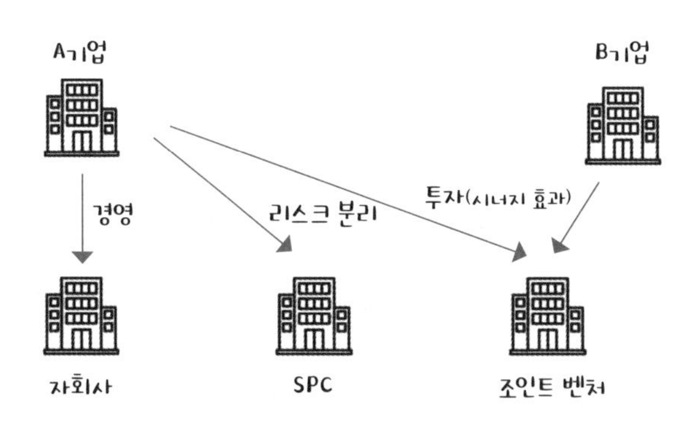

기업의 다양한 분신술

기업은 기업을 낳고

기업은 금융 기술을 이용해 다양한 성격의 기업을 설립합니다. 대표적으로 SPC(Special Purpose Company)가 있습니다. SPC는 특정한 단기 사업이나 업무를 달성하기 위해 설립된 별도의 기업으로, 영어의 뜻을 해석한 것과 비슷하게 특수한 목적으로 설립된 기업입니다. SPC는 법적으로 독립된 기업으로, 기존 기업의 재무 상황과 분리되어 운영됩니다. SPC는 단기적으로 만들어지며, 목적이 달성되면 해산되거나 역할이 종료됩니다. 잠깐 자신의 모습을 만들고 사라지는 분신술과 비슷합니다.

SPC가 잠깐 존재했다 사라지는 분신이라면, 마치 자식을 낳은 것처럼 계속해서 존재하는 기업도 있습니다. 바로 자회사(subsidiary)입니다. 자회사를 만든 기업을 모회사(parent company)라 부릅니다. 이 둘의 관계는 모회사가 자회사의 주식(지분)을 50% 이상 보유하는 것입니다. 큰 지분을 가지고 있는 만큼 모회사는 자회사의 경영 방침과 전략을 결정할 수 있습니다. 이 둘의 관계는 완전히 분리되지 않아서, 자회사의 실적이 모회사에 반영됩니다.

SPC와 자회사는 비슷해 보이지만 차이가 있습니다. SPC는 리스크를 분리하기 위해서 만듭니다. 부동산 사업에 자주 활용됩니다. 상업용 부동산, 대규모 아파트, 도로, 인프라 개발 등 대규모 자금이 투입되는 사업이 대표적입니다. 반면 자회사는 모회사의 사업 확장이나 새로운 사업을 시도하기 위해서 만듭니다. 대기업들이 새로운 분야나 기존 시장에 진출할 때, 자금과 인적 자원을 이용해 빠르게 성장할 수 있는 토대를 마련할 수 있는 기업의 형태입니다.

여러 기업이 동시에 하나의 새로운 기업을 만드는 합작회사(joint venture)도 있습니다. 합작회사는 두 개 이상의 다른 기업이 자금을 모아서 공동으로 설립한 기업입니다. 참여 기업은 합작회사에 대한 지분을 소유하며, 경영권도 지분에 따라 공유합니다. 참여 기업들은 각자의 강점을 결합하여 시너지 효과를 극대화합니다. 특히 외국에 진출할 때 합작회사가 자주 등장합니다. 현지 기업과의 협력을 통해 문화적 그리고 법적인 장벽을 극복하는 데 효과적입니다.

탁월함과 교묘함의 차이

'○○지주회사' 혹은 '○○홀딩스'라는 이름을 들어보았을 것입니다. 지주회사(holding company)는 여러 자회사를 소유하여 경영과 관리를 목적으로 설립된 기업입니다. 직접 사업을 하기 위해서 설립된 기업이 아니라, 자회사를 경영하고 관리하는 것이 주된 일입니다. 지주회사는 여러 자회사를 소유하고 경영권을 행사하기에 경제력을 집중시킬 수 있는 장점이 있습니다. 우리가 잘 아는 구글도 지주회사

체제로 운영되고 있습니다.

사실 지주회사가 도입된 것은 순환출자 문제를 해결하기 위해서였습니다. 순환출자 개념은 근친교배와 비슷합니다. A라는 기업의 자회사 B와 C가 있다고 가정하겠습니다. 여기서 B와 C 기업이 서로 주식을 주고받습니다. 그리고 B, C가 합쳐서 다시 D라는 기업을 만들 수도 있습니다. 그리고 D가 다시 A 기업의 주식을 소유합니다. 이 과정에서 A에서 탄생한 여러 기업이 서로 끈끈하게 연결됩니다. 우리나라 일부 대기업들은 순환출자로 그룹을 운영하기도 합니다.

순환출자는 평소에 이상이 없지만, 위기가 왔을 때 문제가 발생합니다. 서로 주식을 주고받으면서 연결이 되었기 때문에, 한 곳의 위기가 다른 곳으로 빠르게 옮겨붙을 수 있는 것입니다. 한 곳이라도 무너지면, 마치 도미노 쓰러지듯이 줄줄이 무너질 수 있습니다. 실제로는 더 복잡하게 얽혀 있는 기업들도 있습니다. 워낙 복잡해서 어느 기업이 핵심인지 알기 어려운 경우가 많습니다. 핵심 기업이 명확한 지주회사에 비해 질서 있는 위기 대응이 어려울 수 있습니다.

지금 다니고 있거나, 가고 싶거나, 투자하고 싶은 기업은 어떤 종류의 기업인가요?

11 자본주의라는 열차의 연결고리, 증권사

••••• 우리는 은행은 자주 가도, 증권사를 자주 가지는 않습니다. 하지만 증권사가 하는 일은 다양합니다. 증권사는 기본적으로 금융 상품 거래와 기업의 자본 조달에 개입합니다. 개인이나 기업이 주식을 거래할 때나 정부나 기업이 채권 거래를 통해 자금을 모을 수 있도록 돕기도 합니다. 다양한 파생상품 거래를 중개하거나 직접 만들어 판매하기도 합니다. 증권사는 주로 중개 역할을 통해 시장의 유동성을 높이고 투자자들이 쉽게 자산을 사고팔 수 있게 만듭니다.

증권사는 기업금융(investment banking)에서 중요한 역할을 합니다. 기업금융은 기업이 주식시장에 상장하는 IPO, 기업 간의 M&A 등의 업무를 성사시키는 일입니다. 증권사는 시장을 조사하는 리서

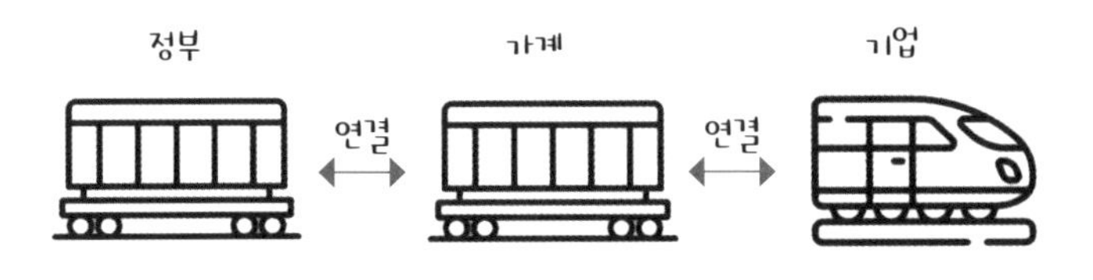

자본주의 열차 연결 고리 증권사

치(research)도 합니다. 시장 조사를 바탕으로, 주기적으로 보고서를 발행해 투자자들에게 정보를 제공합니다. 골드만 삭스(Goldman Sachs)나 모건 스탠리(Morgan Stanley)와 같은 해외 유명한 증권사들의 보고서는 시장에 큰 영향을 미치기도 합니다.

또한 막대한 정보력를 바탕으로 거액의 투자자나 기관들의 자산을 관리해 주고, 맞춤형 투자 전략을 유료 서비스로 제공합니다. 일반 사람들을 대상으로는 주식형펀드와 채권형펀드 그리고 혼합형펀드 등 다양한 펀드 상품을 운용하고 판매합니다.

물론 증권사 역시 자신의 자본을 직접 투자해 수익을 올리기도 합니다. 증권사가 하는 일이 생각보다 다양합니다. 자본주의라는 열차에서 자본과 기업, 넓게는 시장 사이를 연결합니다.

시장을 넘어 역사를 움직인 금융기업 증권사

증권사는 산업에 자금이라는 물을 대주는 역할을 하는 만큼, 앞으로 경제 성장 방향을 결정할 수 있을 정도로 힘이 강합니다. 우리나라는 정부나 제조업 중심의 대기업들이 산업을 주도하기 때문에 금융기업이 산업을 이끄는 역할을 하지 않습니다. 하지만 자본주의가 발달한 미국은 상황이 다릅니다. 증권사들이 산업의 성장을 주도해 가는 경우가 많습니다. 그리고 그 힘은 미국을 넘어 세계 곳곳 다른 나라에 미칠 정도로 영향이 막강합니다.

그 중심에는 JP모건(J.P. Morgan & Co.)라는 유명한 금융기업이 있습니다. JP모건은 철강, 철도, 석유 등 핵심 산업에서 기업 합병과 재편을 통해 강력한 영향력을 행사했습니다. 1890년대 대규모 자본을 투자하여 여러 철도 회사를 통합하고, 철도를, 운영을 효율적으로 만들었습니다. 1901년에는 세계 최대 철강회사인 US스틸을 설립했습니다. 당시 카네기스틸과 다른 철강 회사를 인수하고 통합하여, 세계 최초의 10억 달러 규모 기업을 탄생시켰습니다.

심지어 JP모건은 1907년 대규모로 자금을 투입하여 금융시장을 위기에서 구하기도 했습니다. 당시 은행들과 협력해 유동성을 공급하고 금융 시스템 붕괴를 막았습니다. 위기 극복의 구심점 역할을 하면서 미국 경제의 구원자로 불릴 정도였습니다. 물론 당시에는 미국에 중앙은행이 없어서, JP모건이 그 역할을 대신했습니다. 금융기업이 산업화를 이끌고 금융위기까지 막아낼 정도로 막강한 영향력을 행사했습니다.

하지만 JP모건이라는 한 금융기업에 경제 권력이 과도하게 집중되자 대중의 불만과 공포가 생겨났습니다. 결국 1935년에 JP모건은 은행 역할은 유지하는 대신 투자 부문을 분리했습니다. 그렇게 분리되어 만들어진 기업이 모건 스탠리입니다. 두 기업 모두 아직 미국의 가장 영향력 있는 금융 기업들입니다. 이외에도 미국의 골드만 삭스, 메릴린치(Merrill Lynch) 등 유명한 금융기업들이 있습니다.

세계 주식의 기준 MSCI지수

MSCI지수(MSCI Index)는 글로벌 투자시장에서 투자 기준을 제시하는 지표입니다. MSCI지수를 근거로 글로벌 투자기업은 자금을 어디에 투자할지 결정합니다. 은행, 증권사, 연금, 펀드 등 개인 투자자들은 MSCI지수에서 좋은 평가를 받은 나라에 더 많은 투자를 결정합니다. MSCI지수에서 좋은 평가를 받아야 외국의 투자를 더 쉽게 받을 수 있다는 것입니다. 그렇기에 우리나라 주식시장에도 큰 영향을 미칠 수 있습니다.

MSCI 지수는 '모건 스탠리 캐피털 인터내셔널(Morgan Stanley Capital International)'에서 만들고 있습니다. 이 기업은 JP모건에서 분리된 모건 스탠리에서 다시 분리된 기업입니다. MSCI지수는 크게 '선진국 시장(developed markets)' '신흥국 시장(emerging markets)'

'프론티어 시장(frontier markets)'으로 나뉩니다. 선진국에는 미국과 영국, 일본 등 23개 시장이 포함되고 신흥국 시장에는 우리나라나 중국, 인도 등 24개 시장이 포함됩니다. 프론티어 시장에는 베트남과 스리랑카 등 28개국이 들어가 있습니다.

우리나라는 아직은 신흥국 시장에 속해 있습니다. 현재 우리나라는 정부 차원에서 MSCI 선진국 시장으로 들어가기 위해 노력하고 있습니다. 선진국 시장에 포함되면 국제 무역과 금융시장에서 위상이 올라가고 많은 이점을 누릴 수 있기 때문입니다. 물론 MSCI지수를 기반으로 투자하는 금융 기업들이 많은 만큼 우리나라 시장으로 주식과 채권 투자가 몰려서 주식시장과 경제 전반에 좋은 영향을 주게 될 것입니다.

우리나라가 MSCI 지수에 편입되기 위해서 어떤 노력이 필요할까요?

12 위험한 외줄타기, 부동산PF

우리는 '부동산PF가 위험하다'는 이야기를 많이 듣습니다. 부동산은 자리에 그대로 있고 갑자기 사라지는 것도 아닌데 뭐가 위험한 것일까요? 은행, 건설사, 증권사, 심지어 정부까지 어렵다고 호들갑입니다. 막대한 피해를 봤다는 사람들도 종종 나옵니다. 그렇게 위험하면 부동산PF를 중단해야 하는 것 아닌가 하는 생각도 듭니다. 하지만 부동산PF는 부동산을 넘어 고도의 금융 기술이 접목된 형태입니다. 갑자기 중단하거나 문제가 있는 부분만 제거하는 것은 불가능합니다. 작은 실수만으로도 부동산을 넘어 금융 시스템을 무너뜨릴 수 있는 문제인 것입니다.

부동산PF는 부동산과 PF가 합쳐진 단어로, PF는 Project

Financing의 줄임말입니다. 아파트 건설, 상업용 건물 등 부동산 사업은 초기에 자금이 많이 들어갑니다. 초반에 토지를 매입하고 자재를 구매하며 인건비도 지급하는 등 자금이 많이 들어가지만, 수익은 건설이 끝나야 나는 구조입니다. 당장 돈을 벌고 싶은 기업에게 매력적인 사업은 아닙니다. 때문에 기업들이 부동산 건설을 꺼릴 수 있습니다. 하지만 수익을 미리 받을 수 있다면 어떻게 될까요?

그 수익을 미리 받을 수 있게 만들어 주는 것이 부동산PF입니다. 다양한 금융기술을 이용해서 기업에 수익을 먼저 보장해 줍니다. 수익을 보장받은 기업들은 부동산 개발에 적극적으로 뛰어들게 됩니다. 주택 공급이 수요에 맞춰 쉽게 증가할 수 있게 됩니다. 주거 환경이 개선되고, 건설 경기가 좋아져서 경제에도 도움이 됩니다. 하지만 부동산PF에 문제가 없어야 모두가 윈윈할 수 있습니다. 조금만 삐끗하면 낭떠러지로 떨어질 수 있기 때문입니다.

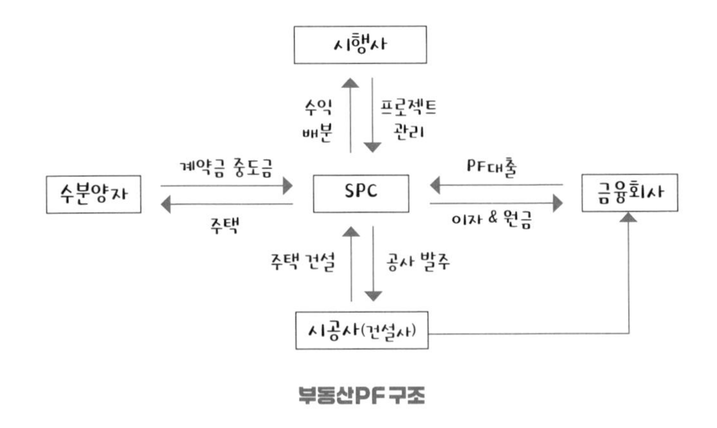

부동산PF 구조

부동산PF의 다양한 참여자들

부동산PF에는 다양한 참여자가 있습니다. 먼저 사업 기획과 토지 매입, 허가 취득과 분양 등 전반적인 사업을 관리하는 시행사가 있습니다. 건설사는 물론 부동산 개발 회사와 자산운용사 등 다양한 기업이 시행사가 될 수 있습니다. 그리고 실제로 건설하는 시공사가 있습니다. 시공사는 건설사만 할 수 있습니다. 시공사는 시행사로부터 의뢰를 받아서 건물을 완성합니다. 둘의 관계는 시행사가 사장님이면 시공사는 직원 혹은 아르바이트생에 비유할 수 있습니다.

시행사와 시공사가 실무를 담당한다면, 대출을 해주는 금융기관도 등장합니다. 대출은 시행사가 은행, 증권사, 보험사 등에서 받습니다. 대출받은 돈은 토지 매입비, 건설비, 운영 자금 등으로 쓰입니다. 사업이 잘못되었을 때 돈을 못 돌려받을 수 있기에, 보증을 해주는 기관도 등장합니다. 정부 기관인 주택도시보증공사(HUG)와 같은 곳에서 보증을 해주기도 하고, 보험사와 증권사들이 돈을 받고 보증을 해주기도 합니다.

부동산을 구매하는 수분양자(투자자)도 참여합니다. 수분양자들은 건물이 완성되지 않은 상태에서 건설사, 금융기관, 보증기관 등을 믿고 투자합니다. 건설사는 완공을, 금융기관은 자금을, 때로는 정부가 사업을 보증하기 때문입니다. 만약 다양한 기관들이 참여하지 않는다면, 투자자들은 당연히 매수를 망설입니다. 부동산PF에 다양한 기관이 참여하면서 수분양자 모집이 쉬워졌지만, 한 곳에서 문제가 발생하면 모두가 위험해지는 구조가 된 것입니다.

부동산PF의 흐름

부동산PF는 사업이 단기간에 끝나지 않습니다. 짧아도 2~5년, 길어지면 7~10년 혹은 그 이상이 걸립니다. 사업은 크게 세 단계로 구분됩니다. 첫 단계인 사업 초기에는 토지를 구매하고 정부에게 허가를 받아야 합니다. 초기에 토지를 구매할 때 금융권에서 대출받는 돈을 브리지론(bridge loan)이라 부릅니다. 브리지론은 이자가 높고, 기간이 1년 이하입니다. 그래서 시행사는 빠르게 다음 단계로 넘어가면서 브리지론을 먼저 갚는 경우가 많습니다.

다음 단계에서는 수분양자들을 모으고 건물을 짓기 시작합니다. 수분양자들에게 일부 금액을 계약금 명목으로 받습니다. 계약금으로는 돈이 부족하니, 금융기관에서 대출도 받습니다. 이것이 본PF입니다. 돈이 좀 생겼으니, 이자가 높은 브리지론을 먼저 갚고 건설을 시작합니다. 이제 건물을 빠르게 완성해야 나머지 돈을 받을 수 있으므로 시행사와 시공사는 빠르게 사업을 진행합니다. 지나가다 없던 건물이 금방 올라가는 걸 볼 수 있는 이유입니다.

마지막 단계는 준공 및 입주입니다. 건물이 완성되고, 정부의 사용 허가까지 받으면 입주가 시작됩니다. 수분양자들은 중간에 중도금을 지급하고, 입주하기 전에 잔금을 모두 납입하면 입주할 수 있습니다. 이때 돈이 부족하면 주택담보대출을 통해 돈을 빌려 지급하기도 합니다. 시행사는 수분양자들에게 돈을 받아 은행에 부동산PF를 갚으면 부동산PF는 종료됩니다. 사업이 여러 단계를 거치는 만큼 중간에 문제가 발생할 수 있습니다.

가장 큰 문제는 분양 성적이 저조해 미분양이 발생한 경우입니다. 분양이 안 되면 부동산 PF 대출을 갚기 어려워지고, 돈이 없으면 공사 진행도 어렵습니다. 대출 기간이 길어지면서 이자 비용도 점점 증가합니다. 원자재 비용의 증가나 금리 인상 등 시장 상황 변화로 큰 어려움을 겪을 수 있습니다. 돈을 못 갚으면 시행사는 부도 처리되면서 돈을 빌려준 금융기관과 공사비를 못 받은 건설사 그리고 이미 돈의 일부를 지급한 수분양자들이 막대한 피해를 보게 됩니다.

지금 우리나라 부동산PF에는 어떤 문제가 있을까요?

13 자본주의의 안전벨트와 에어백, 보험과 신탁

······ 자동차에는 운전자 생명을 보호하는 안전장치가 있습니다. 바로 안전벨트와 에어백입니다. 안전벨트는 사고 발생 시 탑승자를 움직이지 않도록 고정시켜, 충돌로 인한 부상을 줄여줍니다. 특히 몸이 차 밖으로 튕겨 나가는 것을 방지합니다. 에어백은 큰 충돌 시 자동으로 작동해, 머리나 상체가 받는 충격을 최소화합니다. 사고가 나더라도 피해를 최소화할 수 있는 장치들입니다. 자본주의에도 비슷한 안전장치가 있습니다. 바로 보험과 신탁이라는 개념입니다.

보험(insurance, 保險)은 굉장히 오래된 제도로, 기원전 3000년쯤에 메소포타미아문명 상인들 사이에서 등장했습니다. 상인들이 배를 타고 물건을 운송할 때, 항해 중에 발생할 수 있는 사고나 재산 손실을 모두가 공동으로 부담하자는 합의가 있었습니다. 이런 제도는 지금까지 이어져서 개인이나 기업이 예상치 못한 위험을 대비하는 제도로 발전했습니다. 보험 가입자는 정기적으로 보험료를 납부하고, 보험사는 사고나 손실이 발생할 때 일정한 보상금을 지급하고 있습니다.

신탁(trust, 信託)은 영국에서 십자군 전쟁에 참가하는 귀족들이 자기 재산을 타인에게 맡기면서 발전했습니다. 귀족들은 자신이 전쟁 중에 사망해도 자산이 안전하게 관리되고, 가족이나 자녀들에게 잘 전달될 수 있기를 바랐습니다. 그래서 신뢰할 만한 사람에게 재산을 맡기기 시작했습니다. 믿을 신(信) 맡길 탁(託)의 단어의 뜻대로, 믿고 자산을 맡기는 것을 뜻합니다. 자산 관리 및 보호 개념으로 시작해 지금의 신탁 제도로 발전했습니다.

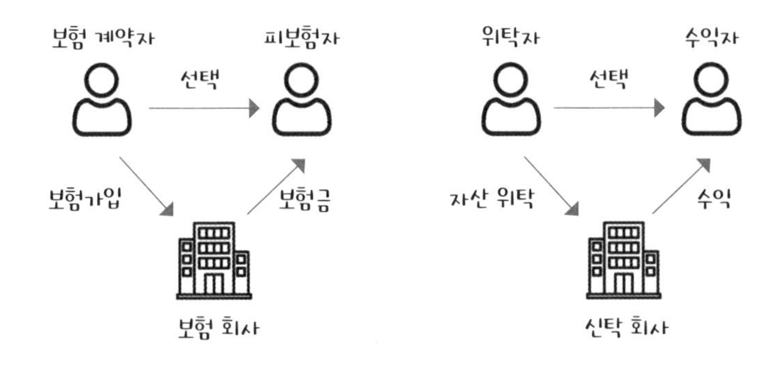

보험과 신탁 구조

다양한 안전장치 보험

개인과 기업은 다양한 형태의 안전벨트인 보험에 가입합니다. 개인이 가입하는 보험은 대표적으로 생명보험, 건강보험, 자동차보험, 주택보험 등이 있습니다. 생명보험은 가입자가 사망하면 가족에게 재정적 지원을 제공하고, 건강보험은 질병이나 부상으로 인한 의료비 부담을 줄여줍니다. 자동차보험은 교통사고 발생 시 피해를 보상하며, 주택보험은 화재나 자연재해로 인한 재산 손실을 보전해 줍니다. 보험은 개인이 불확실한 미래를 대비할 수 있게 해줍니다.

기업보험은 종류가 훨씬 다양합니다. 기업이 소유한 자산은 굉장히 비싼 경우가 많습니다. 그 자산이 화재나 도난, 자연재해 등 예기치 못한 사고로 피해를 입을 수 있습니다. 이때 보험이 있다면 자산을 복구하고 교체하는 비용을 보상받을 수 있습니다. 게다가 기업들은 거액의 소송에 휘말리는 경우도 많습니다. 소송에서 져서 거액을 배상해야 할 때, 보험이 있다면 손실을 최소화할 수 있습니다.

기업에 근무하는 개인이 업무 중에 사고를 당했을 때 보상해 주는 산업재해보험도 있습니다. 산업재해보험은 기업들이 의무적으로 가입을 하도록 국가가 법으로 정했습니다. 이외에도 기업을 위한 다양한 보험이 있습니다. 기업보험은 사업에서 발생한 손실을 대비할 수 있습니다. 더 중요한 것은 고객과 직원에게 신뢰를 주기도 합니다.

예기치 못한 상황도 대비하고, 보상도 해주는 믿을 수 있는 기업 이미지를 줄 수 있습니다.

신탁은 보관 전문

신탁은 자산을 안전하게 맡아서 보관해주는 역할을 합니다. 그런데 다른 금융기관에 맡기지 않고 왜 굳이 신탁회사를 이용할까요? 다른 금융기관은 투자나 대출 등 사업을 합니다. 이때 보관된 자산을 몰래 사용할 수 있고, 예기치 못하게 파산할 우려도 있습니다. 금융기관이 갑자기 사라지면 나중에 돈을 못 돌려받을 수 있습니다. 그러나 신탁회사는 자산 보관을 전문적으로 담당합니다. 운영하더라도 자산을 맡긴 사람의 의도에 따라 운영합니다.

자산 운용도 직접 하기보다는 외부에 맡기고, 소유와 운영이 철저히 분리해 운영됩니다. 운영하는 금융기관이 마음대로 자산을 쓸 수 없습니다. 신탁은 보관이 주된 목적인 만큼 개인의 상속이나 자선 활동 등을 위한 자산을 보관할 때 이용됩니다. 수익이 주된 목표인 다른 금융기관과 성격이 다른 만큼, 금융 자산 외에도 부동산, 미술품, 지식재산권 등 다양한 자산이 신탁으로 관리됩니다.

신탁 제도는 다양한 곳에 이용됩니다. 부동산PF나 펀드 같은 경우에는 일반 투자자와 금융기관 들의 자산을 한곳에 모읍니다. 이때 자금을 운용하는 기업이 마음대로 사용할 수 있습니다. 투자자들이 계속 감시할 수도 없기에 신탁 제도를 사용합니다. 보관을 담당한 신탁회사는 운영하는 기업이 목적에 맞게 사용하도록 관리하고 감독합니다. 신탁은 다양한 곳에서 자산의 보관과 운영을 분리해서 자산을 더욱 안전하게 보관하는 에어백 역할을 하고 있습니다.

여러분의 자산은 안전벨트와 에어백이 잘 작동하는 자동차를 타고 있나요?

3장

이해하면 돈이 보이는 경제 정책들

01 경제를 바라보는 비둘기와 매

••••• 경제 정책을 바라보는 시각은 크게 두 갈래로 나뉩니다. 바로 비둘기파(doves)와 매파(hawks)입니다. 비둘기파는 완화적 통화 정책을 주장하는 그룹으로, 경제 성장과 고용 창출을 더 중시합니다. 이들은 저금리 정책과 시장에 유동성을 공급하는 방식을 통해 경제를 부양하는 것을 중요하게 생각합니다. 또한 비둘기파는 인플레이션을 크게 걱정하지 않으며, 경기 둔화나 경제 위기 시 더욱 적극적으로 금리 인하 및 통화 공급 확대를 주장합니다.

반대로 매파는 엄격하고 신중한 통화 정책을 지지하는 그룹입니다. 매파는 인플레이션 억제를 최우선 순위로 두며, 인플레이션이 장기적으로 화폐 가치에 악영향을 미친다고 믿습니다. 물가 상승 조짐이 보이면 금리 인상과 유동성 축소를 주장하며 경제 성장이 둔화하더라도 인플레이션 통제가 최우선 과제라고 생각합니다. 이들은 화폐 가치를 안정적으로 유지하는 것이 장기적으로 경제를 보호하는 길이라고 봅니다.

비둘기파와 매파 모두 장단점이 존재합니다. 비둘기파는 경제 성장을 촉진하지만, 자산 시장 과열을 초래할 위험이 있습니다. 또한 노동 의욕이 감소하고, 실물 경제와 자산 시장 간의 괴리가 발생할 수 있습니다. 반면 매파는 자산 시장의 과열을 억제하고 화폐 가치를 유지하는 데 초점을 맞춥니다. 하지만 이로 인해 정부의 지출이 감소하고, 복지 예산이 줄어들어 경제적 고통이 증가할 가능성이 있습니다. 그래서 경제 상황에 따라 두 그룹 간의 균형 있는 정책 조율이 필요합니다.

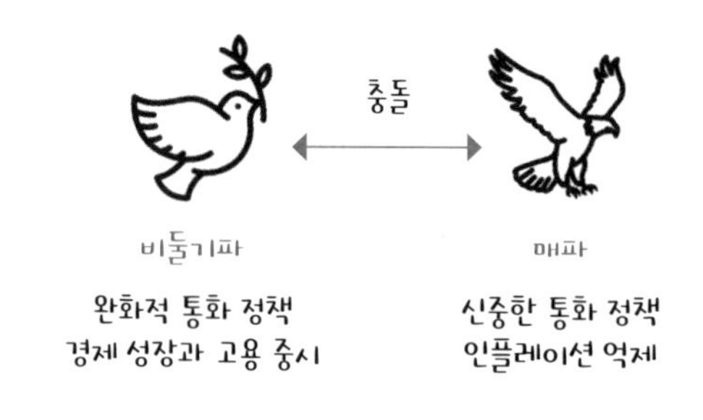

비둘기파와 매파의 차이점

다양한 경제 정책들

경제 정책은 '통화 정책' '금융 정책' '재정 정책' 이렇게 세 가지로 나뉩니다. 통화 정책은 중앙은행이 금리와 통화량을 조절하는 정책을 의미합니다. 중앙은행은 금리를 인하하거나 인상하여 통화량을 조절할 수 있습니다. 금리 인하만으로 안 되면 중앙은행은 직접 돈을 공급하는 '양적완화(QE, Quantitative Easing)'를 시행할 수 있습니다. 반대로 금리 인상만으로 부족할 땐 시장에 공급된 자금을 축소하거나 회수하는 '테이퍼링(tapering)'을 시행하기도 합니다.

금융 정책은 금융 시스템의 안정성을 유지하고 금융기관을 규제하는 정책입니다. 대표적으로 대출 규제, 소비자 보호 조치 등이 포함됩니다. 금융위기가 발생하면 구조조정으로 금융시장의 혼란을 방지합니다. 우리나라에는 금융시장 규제 및 정책을 수립하는 금융위원회, 정책 및 규제를 시행하여 은행과 보험사, 증권사 그리고 카드사 등 다양한 금융기관을 감독하는 금융감독원이 있습니다.

마지막으로 재정 정책은 정부가 세금과 지출을 조정하여 경제를 조절하는 정책입니다. 정부는 지출을 늘려 경제를 활성화할 수 있습니다. 세율을 조정하여 투자를 유도하거나 소득을 재분배할 수도 있습니다. 경제가 어려워지면 정부는 적자를 감수하고 지출을 확대하여 경제를 부양합니다. 반면 경제가 과열되면 정부는 긴축정책을 통해 과열된 경제를 안정시키기도 합니다.

경제라는 비행기

많은 경제학자들은 경제가 안 좋아지면, 회복 기간을 가지고 다시 상승한다고 이야기합니다. 비행기처럼 목적지에 착륙했다가 정비와 주유를 마치고 다시 날아 날아오르는 상황과 비교합니다. 비행기가 착륙할 때는 갑작스럽고 거칠게 착륙하는 경착륙(hard landing)이 있고, 부드럽고 안정적으로 착륙하는 연착륙(soft landing)도 있습니다. 경착륙은 승객들이 충격을 크게 느끼고 승객들이 불안해합니다. 연착륙은 승객들이 안정적으로 느끼고 불안해하지 않습니다.

경제가 안 좋아질 때도 경착륙과 연착륙을 두고 많은 토론을 합니다. 이런 현상이 발생하는 이유는 경제라는 비행기에도 조종을 맡은 기장과 부기장이 있기 때문입니다. 바로 정부와 중앙은행이 어떻게 정책을 두고 경제를 운영하는가에 따라 결정됩니다. 경착륙은 갑작스럽고 급격한 경기 둔화를 의미합니다. 급격한 긴축과 금리 인상으로 진행될 수 있습니다. 경착륙은 고용 악화, 기업 도산, 실업률 증가, 소비 감소 등 급격한 경제 침체를 초래할 수 있습니다.

반면 연착륙은 경제가 완만하게 경기 둔화에 이르는 것입니다. 자산시장 과열이나 물가 상승을 억제하기 위한 것입니다. 점진적으로 금리를 인상하거나, 통화 공급을 서서히 줄이는 등의 신중한 경제 정책을 통해 연착륙을 유도합니다. 심각한 경기 침체를 막고 사람들의 심리를 안정시키는 것이 목표입니다. 연착륙을 하면 물가를 안정시킬 수 있고, 고용과 기업 활동이 큰 타격을 받지 않을 수 있습니다.

연착륙과 경착륙은 경제를 운영하는 정부와 중앙은행 역할도 중요하지만, 주변 환경도 중요합니다. 날씨가 나쁘면 운항을 잘 해도 연착륙이 어렵습니다. 반대로 맑은 날씨엔 연착륙이 쉽습니다. 그래서 최근에는 아예 착륙하지 않고 계속 비행하는 노랜딩(no landing)을 시도하기도 합니다. 비행기가 공중에서 연료를 보충해 계속 비행하는 것처럼 경제도 매우 정밀한 데이터를 바탕으로 상승 동력을 유지해 착륙 없는 성장을 시도합니다. 물론 노랜딩은 이론상 존재하는 이야기입니다.

지금 경제는 비행하고 있을까요? 착륙을 준비하고 있을까요?

02 국가의 깊은 뿌리, 경제 부처들

••••• 경제의 3대 주체는 가계, 기업, 정부입니다. 기업은 투자와 고용, 생산 그리고 수출 등을 통해 수익을 남기고 세금을 납부합니다. 기업은 나무의 든든한 기둥처럼 국가의 경제를 지탱합니다. 가계는 소비와 노동 공급을 담당합니다. 나무에서 꽃이 피고 열매를 맺고, 씨앗을 퍼트리는 역할처럼 경제에 새로운 성장동력을 제공합니다. 정부는 보이지 않지만 필수적인 뿌리 역할을 하는 것입니다. 기업과 개인이 원활하게 성장할 수 있도록 영양분을 흡수하여 공급하는 역할을 담당합니다.

정부는 기업이나 가계와 달리 단기적인 목표나 수익을 추구하지 않습니다. 대신 시장 안정과 경제 성장을 촉진하기 위해 경제 정책을 수립합니다. 예산을 조정하여 경기 부양과 인플레이션 억제 같은 목표를 달성하며, 경제 성장이 지나치게 빠르거나 느려지지 않도록 조율합니다. 또한 규제 및 법적 제도를 통해 시장의 심판 역할도 수행합니다. 예를 들어 불공정 거래 방지나 소비자 보호, 기업 간 공정 경쟁 촉진, 주요 기술 보호 등의 기능을 담당합니다.

경제 위기라는 태풍이 닥치더라도 정부라는 뿌리가 튼튼하면 경제는 쉽게 무너지지 않습니다. 정부는 사회적 안전망을 제공하고 경제적 불평등을 완화하며, 소득 재분배를 실현하는 역할을 합니다. 이를 위해 다양한 정책을 통해 저소득층과 실업자를 지원하며 어려움을 겪는 계층에게 기회와 도움을 제공합니다. 또한 공공 인프라 및 기술 투자를 통해 기업과 개인의 생산성을 높이고, 미래의 성장 동력을 준비하는 중요한 역할을 수행합니다.

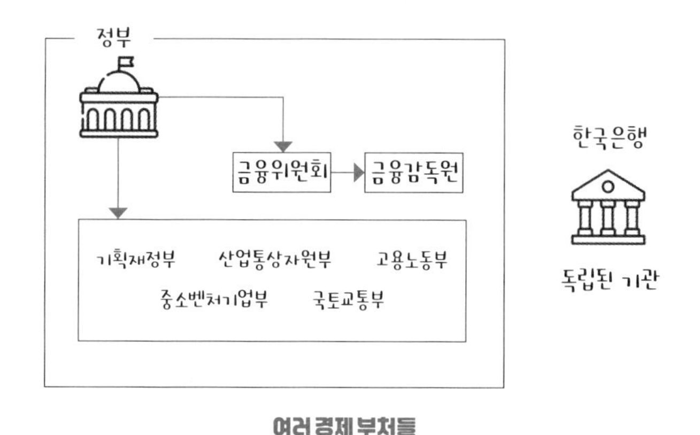

여러 경제 부처들

돈을 움직이는 정부 부처들

정부의 부처는 각기 다른 역할을 수행하며 경제를 운영하는 중요한 기관들로 구성됩니다. 먼저, 기획재정부는 우리나라의 국가 재정을 총괄하는 부처입니다. 매년 국가 예산을 편성하고 감독하며, 지출의 우선순위를 결정합니다. 또한 사회복지와 국방, 교육 등 모든 분야에 걸쳐 국가 자금을 적절히 배분하는 역할을 합니다. 아울러 세금 정책과 세율을 정하여 국회에 제출하고 승인을 받아 시행합니다. 이러한 역할 때문에 기획재정부 장관에게는 '경제부총리'라는 직함이 주어집니다.

금융시장을 관리·감독하는 기관으로는 금융위원회와 금융감독원이 있습니다. 금융위원회는 금융정책을 수립하고 법안을 마련하여 국회의 승인을 받아 시행하는 역할을 합니다. 또한 금융 시스템의 투명성과 소비자 보호를 위한 제도를 설계합니다. 금융감독원은 금융위원회 산하 기관으로, 은행·보험사·증권사 등 금융기관을 실제로 감시하고 감독하는 역할을 수행합니다. 불법 거래 및 부정 행위를 감시하고 방지하며, 금융 소비자의 민원 처리도 담당합니다.

우리나라의 중앙은행인 한국은행도 중책을 맡고 있습니다. 가장 기본적인 역할은 기준금리를 조정하여 화폐 가치를 유지하는 것입니다. 한국은행은 화폐를 발행하지만, 정부의 부처가 아닌 독립된 기관입니다. 정치적 영향을 최소화하기 위해 독립성을 보장받으며 운영됩니다. 이러한 이유로 한국은행의 수장은 '총재'라고 부릅니다. 미국이나 영국, 유럽 등 주요국의 중앙은행도 정치적 개입을 방지하기 위해 독립된 기관으로 운영됩니다.

경제 활동을 도와주는 부처들

경제가 원활하게 작동하도록 지원하는 국가 기관들도 많습니다. 그중 대표적인 부처가 산업통상자원부입니다. 이 부처는 우리나라의 산업 정책과 수출입을 총괄하며, 국내 산업 경쟁력을 강화하는 역할을 합니다. 또한, 자유무역협정(FTA)과 같은 무역 협정을 체결하고, 무역 분쟁이 발생할 경우 이를 조정하는 역할도 수행합니다. 우리나라 제조업이 안정적으로 운영되기 위해 전력 공급이 필수적인 만큼, 수요와 공급을 고려한 에너지 정책도 수립합니다.

그런데 우리나라에는 수출기업과 대기업만 있는 것이 아닙니다. 규모가 비교적 적은 중소기업도 많고, 기술 혁신과 아이디어를 기반으로 한 벤처기업도 자라나고 있습니다. 그래서 중소기업과 벤처기업을 지원하는 중소벤처기업부가 있습니다. 중소기업과 벤처기업은 고용 창출과 혁신의 중요한 원천인 만큼 별도의 부처가 관리하고 있는 것입니다. 중소기업 대출 및 세금 혜택 등을 제공하고, 창업 초기에 어려움 겪는 벤처기업에 자금을 지원하기도 합니다.

경제에서 중요한 일자리를 담당하는 고용노동부도 있습니다. 고용 창출과 노동 시장 안정성을 위한 정책을 만듭니다. 노동시간 관리와 감독, 최저임금 결정, 안전 규정 등 노동자와 관련된 기본적인 권리를 보장하기 위해 노력하고 있습니다. 안전한 근로 환경을 만들어 산업재해를 예방하기도 합니다. 또한 경기 불황, 기업의 구조조정 등으로 발생한 실업자에게 실업급여도 지급하고 있습니다. 실업급여는 고용노동부에서 자격을 심사하여 지급합니다.

마지막으로 많은 사람들이 관심이 있는 부동산시장에 영향을 주는 국토교통부가 있습니다. 국토교통부는 국토 개발과 교통 정책을 담당하는 부처입니다. 국가의 인프라와 교통 시스템, 주택 공급, 부동산시장 관리와 감독, 신도시 개발 등을 담당합니다. 부동산 가격과 주거 안정을 위해 많은 정책을 발표하고 있어서 부동산시장에 직접적으로 영향을 미칩니다. 또한, 지하철, 도로, 철도, 공항 등 다양한 교통 인프라의 건설 역시 부동산시장에 큰 영향을 미칩니다.

지금 우리나라의 경제가 어려운 부분이 있다면 어느 부처에서 해결할 수 있을까요?

03 대출 다이어트, 디레버리징

••••• 우리는 건강한 체중을 유지하고 건강한 몸을 만들기 위해 다이어트를 합니다. 지방이나 체중을 줄이기 위해 운동을 하고 식단도 조절합니다. 다이어트는 미용을 위해서 하기도 하지만 심혈관 건강에도 좋고, 혈압 조절과 당뇨 예방 등 건강에 많은 도움이 됩니다. 경제도 때로는 다이어트를 하는 경우가 있습니다. 그 다이어트는 바로 '디레버리징(deleveraging)'입니다. 금융기관, 기업, 개인의 과도한 부채를 줄이는 것입니다.

디레버리징은 대출을 상환하거나 자산을 매도하여 부채 비율을 낮추는 방식으로 진행됩니다. 디레버리징의 목적은 금융의 건전성을 회복하고 리스크를 줄이는 데 있습니다. 경기가 불황일 때는 자산가치가 하락해 수익성이 낮아집니다. 금리가 높아지면 부채를 줄이는 디레버리징이 효과적인 투자 기법이 됩니다. 디레버리징은 돈을 빌리고 부채를 늘려 더 큰 자산을 운영하는 레버리지(leverage)와 반대되는 의미입니다.

디레버리징이 좋아 보이긴 하지만 말처럼 쉽지 않습니다. 디레버리징은 자금난을 겪고 있는 기업과 개인에게 고통스러운 과정입니다. 매일 저녁에 야식(부채)을 먹었는데, 의사 선생님이 당장 야식을 중단하라는 말과 비슷합니다. 좋은 것은 알지만 실행하기가 정말 어려운 것과 마찬가지입니다. 건강(경제)이 정말 악화되어 수술을 받을 수 있습니다. 실제로 2008년 과도한 부채를 줄이기 위해 디레버리징을 진행하면서 경제가 어려워졌습니다.

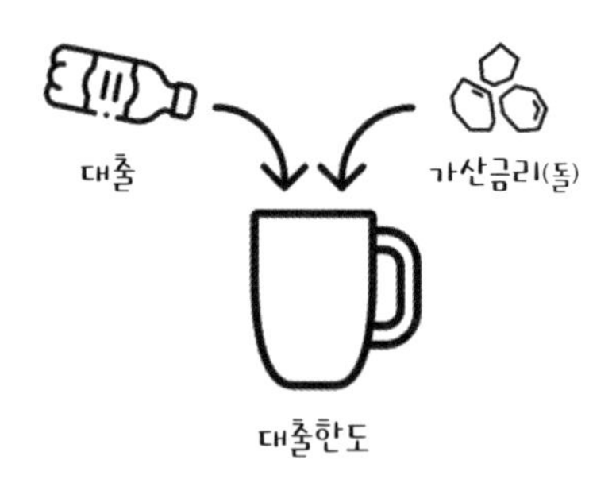

대출한도를 줄이는 스트레스 DSR 가산금리

대출을 줄이는 방법

금리 인상으로 대출을 줄일 수 있지만, 정부가 정책을 바꿔서 대출을 줄이기도 합니다. 첫 번째 방법은 주택담보대출 비율인 LTV(Loan-to-Value Ratio)를 줄이는 것입니다. 예를 들어 LTV가 70%라면, 주택 가치의 70%까지 대출이 가능합니다. 이 비율을 40%로 줄인다면 대출 가능 금액이 줄어듭니다. 비율을 낮추면 대출이 줄어들고, 비율을 높이면 대출이 늘어납니다. LTV는 자산 가치 이상의 과도한 대출이 발생하는 것을 막을 수 있습니다.

두 번째 방법은 소득을 기준으로 대출 금액을 정하는 DTI(Debt-to-Income Ratio)를 줄이는 것입니다. 소득에서 몇 %를 전체 주담대의 원금과 이자를 갚는 데 사용할지 정합니다. 예를 들어 DTI가 40%이며 연소득이 5,000만 원인 경우, 최대 2,000만 원까지 주담대 원금과 이자를 갚는 데 사용할 수 있습니다. 자산이 많아도 소득이 적다면 대출 이자를 갚지 못할 수 있습니다. 이 제도는 소득이 적은 사람이 무리한 대출을 받지 못하도록 설계되었습니다.

세 번째 방법은 DSR(Debt Service Ratio), 즉 소득 대비 모든 대출의 원금과 이자 상환을 줄이는 것입니다. DSR은 주택담보대출을 넘어서 신용대출, 카드대출 등 모든 대출의 원금과 이자를 고려해서 계산합니다. 예를 들어 DSR이 40%이며 연소득이 5,000만 원인 경우,

최대 2,000만 원까지 모든 대출 원금과 이자를 갚는 데 사용할 수 있습니다. 이 제도는 DTI 규제를 피해 과도한 신용대출을 받지 못하도록 만든 것입니다.

위기에 대비하는 스트레스 DSR

경제가 어려워지면 사람들은 급한 마음에 대출을 받으려고 합니다. 이때 평소와 같은 기준으로 대출을 해주면 안 됩니다. 어려운 시기가 잠깐 지나갈 수도 있지만 장기간 이어질 수도 있기 때문입니다. 경제 상황이 어떻게 변할지는 아무도 모릅니다. 그래서 금융기관들은 돈을 빌린 사람이 예상치 못한 상황에서도 돈을 잘 갚을 수 있는지 평가합니다. 바로 스트레스 DSR을 도입해 보수적으로 평가하고 고위험군의 대출을 줄이는 것입니다.

스트레스 DSR은 기존 DSR을 계산할 때 가산 금리를 적용해 대출 가능한 총액을 줄이는 효과를 가져옵니다. 가산 금리의 역할은 컵에 물을 채울 때 돌을 집어넣는 것과 같습니다. 같은 크기의 컵이라도 돌이 들어간 컵은 물이 적게 들어갑니다. 금융기관은 대출 총액을 DSR 기준으로 컵을 만들고, 그 안에 스트레스 DSR이라는 돌을 채웁니다. 거기에 물(대출)을 따라서 고객에게 주는 것입니다. 가산 금리(돌) 때문에 대출(물)이 적게 들어가게 됩니다.

스트레스 DSR을 도입하는 이유는 고위험군의 대출을 집중적으로 관리하기 위해서입니다. 기준금리가 내리면 모두가 대출을 받기 쉬워집니다. 무분별하게 대출이 나가면 부실이 커질 수 있습니다. 이때 스트레스 DSR을 도입하면 됩니다. 컵(대출 한도)이 가득 찬 사람은 대출을 받기 어렵습니다. 반대로 컵이 비어 있는 사람은 기존보다 줄어들지만 대출을 받을 수 있습니다. 금리를 인하해도 위험한 사람들의 대출을 막을 수 있습니다.

부채 다이어트 실패

현실에서 다이어트에 실패하는 경우가 많지요. 부채 다이어트 역시 실패하는 사람들이 있습니다. 이런 사람들에게 다시 기회를 주는 제도가 개인회생과 파산입니다. 먼저, 개인회생은 지속적인 수입이 있지만 대출을 갚기 너무 힘들어 대출의 일부나 전부를 면제받을 수 있는 제도입니다. 법원이 소득과 생활비를 고려해 승인 여부를 결정합니다. 파산과 다르게 경제적 활동을 하면서 부채를 해결하는 방법으로 많이 사용됩니다.

파산은 실패를 넘어 회복 불가능한 상태입니다. 모든 대출을 상환할 수 없는 경우 법원에 파산을 신청합니다. 법원은 채무자의 재산을 처분하여 빚을 갚는 데 먼저 사용하고, 나머지 부채를 면제해 주는 방식으로 진행됩니다. 파산은 채무를 완전히 면제받을 수 있지만, 개인 신용에는 부정적인 영향을 미칩니다. 또한 법적으로 제한된 경제 활동만 가능하기 때문에 개인에게 일종의 벌을 내리는 제도라고도 할 수 있습니다.

지금 우리나라는 부채 다이어트가 필요할까요?
필요하다면 얼마나 다이어트를 해야 할까요?

04 건강한 은행이 되는 비결

••••• 1974년 독일의 '헤르슈타트은행(Herstatt Bank)'이라는 중견 은행이 외환 거래 손실로 파산했습니다. 문제는 당시 외환 거래가 국제적으로 서로 다른 시간대에 결제되었고, 헤르슈타트은행은 하루 영업을 마치고 문을 닫으면서 파산을 선언했다는 점입니다. 헤르슈타트은행과 외환 거래를 한 다른 나라의 은행들은 갑자기 거래가 중단되는 상황을 맞게 되었습니다. 이는 연간 회원권을 판매한 헬스장이 갑자기 문을 닫아버리는 것과 비슷한 상황이었습니다.

독일의 중견 은행이 무너진 여파는 다른 나라까지 연쇄적으로 퍼졌습니다. 각국 금융당국은 급히 은행의 국제적 감독과 규제 필요성을 깨닫게 되었습니다. 결국 1974년에 독일과 프랑스, 영국 그리고 미국 등 주요 서방 국가들이 스위스 바젤에서 회의를 열었습니다. 그리고 국제적인 은행 감독 및 규제 기준을 마련하는 바젤은행감독위원회(BCBS, Basel Committee on Banking Supervision)를 세웠습니다.

바젤은행감독위원회는 바젤Ⅰ, 바젤Ⅱ, 바젤Ⅲ 등의 규제를 만들어 은행의 국제적 규제 기초를 확립했습니다. 우리나라도 이곳에서 마련한 규정을 바탕으로 은행을 규제하고 있습니다. 금융위원회, 금융감독원, 한국은행 등이 바젤 규제를 준수하며 국내 법률에 맞게 적용해 왔습니다. 서방 국가에 많은 수출을 하고, 많은 투자를 받기 위해서는 국제 규칙을 철저히 준수해야 합니다. 이는 월드컵이나 올림픽에 참가하기 위해 대회 규정을 지키는 것과 비슷합니다.

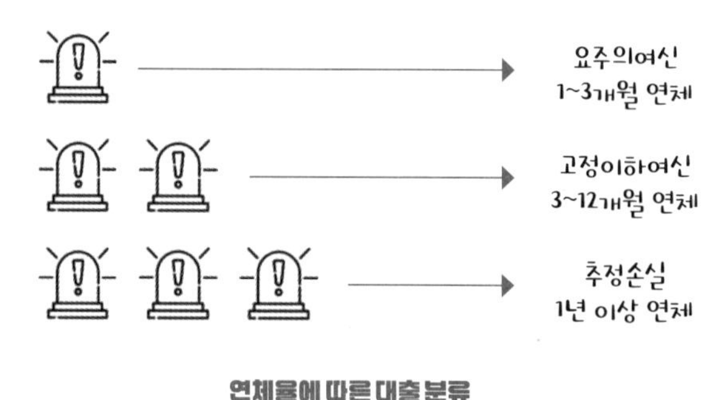

연체율에 따른 대출 분류

바젤Ⅲ의 등장

2008년 글로벌금융위기가 발생하면서 은행의 취약한 부문이 드러났습니다. 결국 2010년, 새로운 규제 제도인 바젤Ⅲ가 마련되었습니다. 당시 리먼브라더스와 베어스턴스(Bear Stearns)의 파산은 단기 부채가 핵심적인 원인이었습니다. 이에 따라 첫 번째로, 은행이 보유한 자본이 위험 자산에 비해 충분한지 평가하고 이를 강화했습니다. 위험 자산 부실과 경제 위기가 발생하더라도 은행이 충분한 자본을 보유하도록 하는 것이 목표였습니다.

즉, 은행 스스로 충격을 흡수할 수 있는 완충 장치를 마련하는 것인데, 이를 '완충 자본 제도'라 부릅니다. 이 제도는 경제 호황기에 자본을 축적해 불황기에 사용할 수 있도록 설계되었습니다. 경기가 과열될 때 미리 자본을 쌓아 위험을 대비하고, 경기 침체기에는 자본을 풀어 경제 전반에 미치는 충격을 완화하도록 설계된 것입니다. 참고로 우리나라에서는 이를 경기 대응 완충 자본(CCyB, Countercyclical Capital Buffer)이라 부르기도 합니다.

두 번째 규제는 은행의 과도한 부채 의존을 방지하기 위해 레버리지 비율(leverage ratio)을 조정했습니다. 2008년 당시, 은행들은 자산 가격 급락, 손실 확대, 자본 감소의 악순환 고리에 빠졌습니다. 은행이 갑자기 무너지면서 건실한 개인과 기업들까지 타격을 입었습니다. 이에 따라, 은행이 과도한 부채를 질 수 없도록 상한선을 설정했고, 금융위기 시 손실이 발생하더라도 은행이 스스로 회복할 수 있는 능력도 갖추도록 했습니다.

단기 유동성 부족 사태를 대비하는 유동성 커버리지 비율(LCR, Liquidity Coverage Ratio)도 있습니다. 은행은 금융위기에 대비해 현금으로 빠르게 전환할 수 있는 고유동성 자산을 충분히 보유해야 합니다. 현금화에 시간이 너무 오래 걸리면 예금자들이 불안해 하기 때문입니다. 따라서 은행이 30일 동안 현금이 유출되더라도 충분히 견딜 수 있도록 유동성 자산을 확보하도록 하고 있습니다.

돈을 받을 수 있을까?

금융기관에서 돈을 빌려주는 것을 '여신(與信)' 이라고 합니다. 하지만 개인과 기업이 항상 대출을 정상적으로 상환하는 것은 아닙니다. 연체가 발생하거나 아예 돈을 받지 못하는 경우도 있습니다. 그래서 은행을 포함한 금융기관은 대출을 분류하여 관리합니다. '정상여신' '요주의여신' '고정이하여신' 이렇게 세 가지로 나뉩니다. 먼저 정상여신은 고객이 돈을 갚을 능력이 충분하고 연체가 발생하지 않은 대출을 의미합니다.

두 번째 요주의여신부터는 조금씩 위험이 증가합니다. 요주의여신은 1개월 이상 3개월 미만 연체된 대출을 의미합니다. 정상여신보다 상대적으로 위험성이 높아 금융기관 입장에서 주의를 기울이며 관찰해야 하는 대출입니다. 금융기관은 고객에게 추가 자료를 요구하거나, 금리 인하 등의 지원을 제공하여 대출을 원활히 상환할 수 있도록 돕습니다. 말 그대로 '주의가 필요한 단계'이므로 금융기관의 부실을 측정하는 핵심 지표로 활용되지는 않습니다.

끝으로 위험 수위가 가장 높은 고정이하여신이 있습니다. 고정이하여신은 3개월 이상 연체된 대출로 부실 채권(NPL, Non Performing Loan)으로 분류됩니다. 또한 연체 기간에 따라 세부적으로 구분되는데, 3개월 이상 1년 미만 연체된 대출은 회수 의문(doubtful), 1년 이상 연체된 대출은 추정 손실(estimated loss)로 분류됩니다.

고정이하여신의 비율이 높아질수록 금융기관의 부실이 증가하고 있다는 뜻입니다. 따라서 금융기관은 손실에 대비하여 미리 돈을 모아 두어야 합니다. 이렇게 미리 적립된 자금을 '대손충당금(allowance for bad debts)'이라고 합니다. 만약 부실을 충분히 대비하지 않으면 금융기관의 신용도가 타격을 입게 됩니다.

지금 자주 사용하는 은행은 안전한가요?
고정이하여신 비율이 얼마나 될까요?

05 금융기관 교통정리 방법들

•••••　은행이나 금융기관들은 정부로부터 면허를 받거나 지원을 받아 운영됩니다. 금융이라는 도로를 원활하게 운영할 수 있도록 전문적인 사람들에게 맡겨집니다. 문제는 전문적이고 똑똑한 집단이 반드시 선한 행동을 하는 것은 아니라는 점입니다. 평소에는 금융 도로를 관리하며 돈을 벌다가, 사고가 발생하면 책임을 회피하기도 합니다. 심지어 일부러 사고를 일으키고 보상을 받으려는 시도까지 합니다. 바로 '도덕적 해이(Moral Hazard, 모럴 해저드)' 입니다.

도덕적 해이는 17세기 보험업이 시작되면서 등장한 개념입니다.*

* 「A History of the Term "Moral Hazard"」, D. Rowell·L. Connelly, 《A History of the Term "Moral Hazard》, 2012

위험에 처한 사람에게 보상을 제공했더니, 위험을 과소평가하거나 의도적으로 더 큰 리스크를 감수하는 행위가 발견되었습니다. 보험 보상에 의존해 위험한 행동을 더 자주 하거나, 위험을 줄이기 위한 노력을 하지 않는 사례도 나타났습니다. 시간이 지나면서 금융뿐만 아니라 다양한 분야에서 보상이나 안전망이 제공될 때 개인이나 기업의 책임 의식이 옅어지는 도덕적 해이가 자주 발생했습니다.

도덕적 해이의 대표적인 사례가 바로 2008년 글로벌금융위기입니다. 금융기관들은 상품이 부실해질 가능성이 높다는 사실을 알고 있었음에도 무분별한 투자를 감행해 큰 손실을 입었습니다. 'Too Big to Fail(대마불사)', 즉 금융기관의 규모와 영향력이 지나치게 커지면서 정부가 이들을 파산하도록 내버려 둘 수 없다는 인식이 확산된 것입니다. 결과적으로 손실은 사회화, 이익은 사유화하면서 금융 시스템에 대한 신뢰가 무너지고 말았습니다.

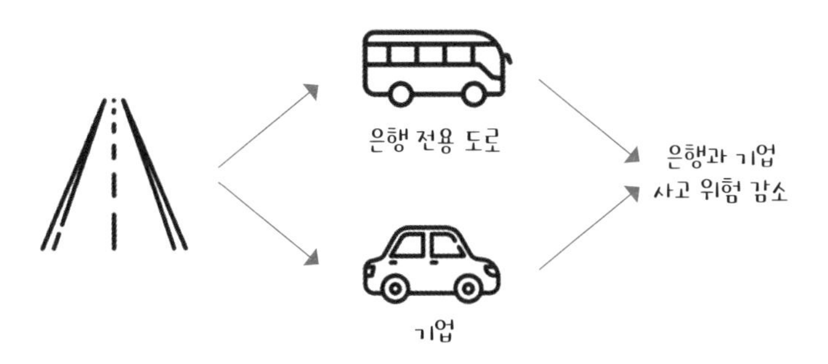

금융 사고를 예방하기 위한 금융과 산업의 분리

금융 교통사고를 방지하려는 노력

2008년 글로벌금융위기 이후 도덕적 해이를 방지하기 위한 여러 금융 규제와 정책이 등장했습니다. 그중 하나가 앞에서 살펴본 '바젤Ⅲ'의 도입입니다. 또한 금융기관이 위기 상황에도 잘 견딜 수 있는지를 주기적으로 평가하는 '스트레스테스트(stress test)'도 생겼습니다. 그리고 내부 통제와 외부 감시가 원활하게 이루어질 수 있도록, 기업의 규칙, 절차, 관리 체계 등을 더욱 투명하게 정비하는 '거버넌스(governance)' 제도가 마련되었습니다.

이전에도 금융 교통사고를 방지하려는 시도가 많이 있었습니다. 그중 하나가 '글래스-스티걸법(Glass-Steagall Act)'입니다. 지금은 은행과 증권사가 별도로 존재하지만 과거에는 일반 은행에서도 주식을 사고팔 수 있었습니다. 은행이 마음만 먹으면 고객들의 예금과 적금을 이용해 주식을 거래할 수 있는 상황이었습니다. 실제로 미국에서는 은행들이 고객 자산을 이용해 주식을 매수하는 위험한 투자 행위를 했습니다. 결국 1930년대 대공황(Great Depression)으로 주가가 폭락하면서 막대한 손실을 입었습니다.

결국 1933년 은행 개혁과 투기를 규제하는 글래스-스티걸법이 제정됩니다. 기존 은행을 상업은행과 투자은행으로 구분하고, 이들의 업무를 엄격하게 분리했습니다. 상업은행은 우리가 길에서 흔히 볼 수 있는 시중은행입니다. 예금과 적금을 통해 고객이 맡긴 돈을 보관합니다. 반면 주식이나 채권 거래는 투자은행인 증권사에서만 가능합니다. 은행에서 증권사 계좌를 개설할 수는 있지만 실제 거래는 증권사 홈페이지나 앱에서만 이루어지는 이유도 여기에 있습니다.

대공황 당시 많은 은행이 파산하면서 예금자들이 돈을 돌려받을 수 있다는 신뢰가 무너졌습니다. 예금자를 보호하는 제도가 없었기 때문에 피해 규모도 컸습니다. 따라서 예금자를 보호하는 기관인 연방예금보험공사(FDIC)가 설립되었습니다. 우리나라 예금보험공사가 예금자 보호를 위해 최대 5,000만 원까지 보장하는 것처럼 미국의 FDIC는 예금자 1인당 최대 25만 달러(약 3억 4,000만 원)를 보장합니다. 대형 금융 위기가 현재의 다양한 안전장치를 만든 셈입니다.

금산분리와 금융지주회사

은행이 돈을 많이 번다고 뉴스에 종종 나옵니다. 하지만 길을 지나가다 은행 이름을 살펴보면, 대기업 이름으로 된 은행은 없습니다. 돈이 된다면 너도 나도 은행을 하려고 할텐데 이상한 일입니다. 애플, 삼성, 테슬라, 아마존 같은 대기업들이 은행을 시작하면 분명히 많은 사람들이 돈을 맡기러 몰려갈 것입니다.

사실 대기업들도 하고 싶은데 못하고 있는 상황입니다. 금융과 산업을 분리하는 '금산분리' 원칙 때문입니다. 우리나라는 금융산업이 아닌 산업자본이 은행 주식의 4%를 초과 보유할 수 없도록 법으로 정하고 있습니다. 우리나라만 그런 게 아니라 대부분의 국가에서도 은행과 산업을 분리하고 있습니다. 만약 대기업들이 은행을 만들어 예금과 적금을 받는다면 같은 그룹 기업에만 투자할 수 있습니다. 자금이 한 기업 집단에 집중될 수 있고 경제 위기가 찾아오면 그룹과 같이 은행도 무너질 수 있습니다. 즉 은행을 일반 기업으로부터 분리해 별도로 관리하고 보호할 필요합니다.

고속도로에서 편의와 안전을 위해 버스전용차로를 만든 것처럼 은행은 다른 산업과 같은 도로에서 사고가 나지 않고 빠르게 이동할 수 있어야 합니다. 정부 입장에서도 금융기관을 관리하는데 훨씬 편리합니다. 금융기업들을 더욱 쉽게 관리하기 위해 '금융지주회사'를 만들기도 합니다. 같은 그룹의 은행, 증권, 보험사 등을 모아 금융지주회사라는 대표를 만듭니다. 정부도 금융기업을 감독하지만, 대표인 금융지주회사도 같이 감독하기에 리스크 관리가 더욱 철저하게 할 수 있습니다.

앞으로 금융에 어떤 안전 장치가 필요할까요?

06 자본주의 심사위원과 소방관들

••••• 자본주의에는 신용평가사라는 심사위원이 존재합니다. 이들은 1870년에서 1920년 사이, 미국이 철도를 건설하며 빠르게 성장하던 시기에 등장했습니다. 당시 철도는 빠르고 효율적인 최첨단 운송 수단이었습니다. 물자와 사람의 이동이 빨라져 농업, 제조업, 광업 등 다양한 산업의 성장을 촉진했습니다. 철도 산업은 당시 미국의 최첨단 산업이었던 만큼 매력적인 투자 대상이었습니다. 또한 미국은 국토가 넓어 철도 건설에 대규모 자본과 인력이 필요했으며, 수많은 철도 회사가 채권을 발행하여 자금을 조달했습니다.

채권이 대량으로 발행되자 기업을 신뢰하고 투자해도 좋을지 아닐지에 대한 의문이 제기되었습니다. 마침 1909년, 존 무디(John

Moody)가 '무디스투자서비스(Moody's Investors Service)'라는 회사를 설립하여 철도 회사의 채권을 최초로 평가하기 시작했습니다. 그는 철도 회사들의 재무 상황을 분석하여 투자자들에게 정보를 제공하고, 신용 등급을 분류하기 시작했습니다. 이후 철도뿐만 아니라 일반 기업과 공공 기관 심지어 국가 등의 신용 등급도 평가하게 되었으며, 현재는 세계적으로 영향력 있는 신용평가사 무디스(Moody's)로 자리 잡았습니다.

비슷한 시기인 1909년에는 '스탠더드앤드푸어스(Standard & Poor's, S&P)'가, 1913년에는 '피치레이팅스(Fitch Ratings)'가 설립되었습니다. 이 세 곳은 현재 세계 3대 신용평가사로 자리매김하고 있습니다. 철도 기업의 채권을 분석하기 위해 탄생한 이들 기관은 금융시장에서 강력한 영향력을 지닌 심사위원이 되었습니다. 이 세 회사에서 높은 신용 등급을 받은 기업이나 정부는 낮은 금리로 자금을 조달할 수 있으며, 대외적으로도 신뢰를 확보할 수 있습니다.

신용평가 기준과 등급의 종류

신용평가사는 자금 상태를 나타내는 재무 지표를 분석하여 평가합니다. 부채를 갚을 만큼 안정적인 현금과 자산을 보유하고 있는지, 향후 현금을 창출할 능력이 있는지 확인합니다. 신용평가 후에는 등

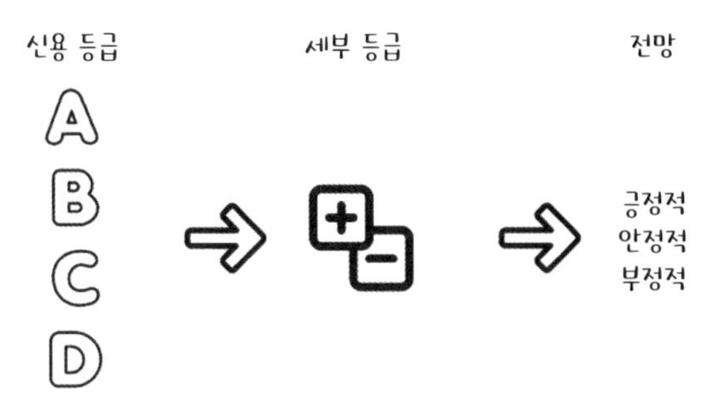

신용평가 등급 종류

급을 세부적으로 나누는데 크게 투자 등급과 투기 등급으로 구분됩니다. 투자 등급은 신용도가 높아 안정적으로 부채를 상환할 수 있다고 평가됩니다. 반면, 투기 등급은 부채 상환 능력이 부족하여 '채무불이행(default, 디폴트)' 위험이 높다고 평가됩니다.

투자 등급은 A로 표시되며, AAA처럼 알파벳이 많을수록 신용등급이 높습니다. 반면 투기 등급은 B, C, D 등으로 표시되며, 등급이 뒤로 갈수록 위험성이 커집니다. BB처럼 동일한 알파벳이 반복될수록 신용등급이 더 높은 것입니다. 각 등급 내에서도 '+(플러스)' '-(마이너스)' 기호를 사용하여 신용도를 세부적으로 구분합니다. 예를 들어 A+ 등급은 A 등급보다 신용도가 다소 높고, A- 등급은 A 등급보다 상대적으로 신용도가 낮습니다.

신용평가사는 등급을 발표할 때 향후 전망(outlook)도 함께 제시합니다. 전망은 '긍정적(positive)' '부정적(negative)' '안정적(stable)'

세 가지로 나뉩니다. '긍정적'은 향후 6개월에서 2년 이내에 신용등급이 상승할 가능성이 있음을 의미하며, '부정적'은 신용등급이 하락할 가능성이 있음을 나타냅니다. '안정적'은 현재 신용등급이 유지될 가능성이 높다는 뜻입니다. 전망은 미래 변화 가능성을 반영하기 때문에 지속적으로 조정될 수 있습니다.

우리나라에도 '한국신용평가' '한국기업평가' '나이스신용평가' 등 세 군데의 신용평가사가 있습니다. 1985년에 설립된 한국신용평가는 세계 3대 신용평가사인 무디스의 자회사입니다. 1983년 설립된 한국기업평가는 피치레이팅스와 협력하여 신용평가를 수행하고 있습니다. 1986년 설립된 나이스신용평가는 기업뿐만 아니라 개인 신용평가까지 담당하고 있습니다. 각 신용평가사는 기업과 산업을 분석해 유용한 보고서를 발간하고 있습니다.

세계 경제 소방관들

경제를 평가하는 기관이 있다면, 급한 불을 끄고 경제적 안전을 담당하는 소방관 같은 역할을 하는 기관들도 있습니다. 바로 BIS, 세계은행, 국제통화기금입니다. BIS는 스위스 바젤에 위치하며, 각국 중앙은행들이 모여 금융 규제의 표준을 만드는 역할을 합니다. 앞에서 설명한 '바젤Ⅲ' 규정을 만든 곳도 BIS의 산하 기관입니다.

세계은행은 제2차 세계대전 이후 피해를 입고 어려움을 겪는 유럽과 아시아 경제를 복구하기 위해 설립되었습니다. 현재는 산업과 인프라가 미흡한 개발도상국의 경제 발전을 지원하는 역할을 합니다. 세계은행은 대규모 인프라 사업에 자금을 지원하여 개발도상국이 경제 기반을 마련할 수 있도록 돕고 있습니다. 또한, 장기적인 대출과 보조금을 제공하여 교육, 보건, 농업 등의 분야를 육성하고, 국가의 지속 가능한 발전을 지원합니다.

IMF는 국제 금융과 환율 안정을 통해 국제 무역을 촉진하는 역할을 합니다. IMF 역시 제2차 세계대전 이후 회원국들의 환율 불안정을 해결하기 위해 설립되었습니다. 회원국이 경제적 위기를 맞닥뜨렸을 때 긴급 자금 지원과 경제 정책 조언을 제공하며, 금융위기 예방과 경제적 충격 완화를 돕습니다. 우리나라도 1997년 외환보유고가 부족해 경제가 불안정해지자, 결국 IMF에 금융 지원을 요청한 적이 있습니다.

각각의 신용평가사는 현재 세계 경제 상황을
어떻게 평가하고 있을까요?

07 다양한 금리 응용 공식들

••••• 각국의 중앙은행은 금리 정책을 활용합니다. 하지만 경제 상황이 수시로 변하는 가운데 기준금리를 계속 변경하면 시장에 혼란이 발생할 수 있습니다. 따라서 중앙은행은 기준금리를 유지한 채, 시장 금리를 미세하게 조정하는 방법을 사용합니다. 바로 공개시장조작(OMO, Open Market Operations)을 통해 단기 금리를 조절하는 것입니다. 공개시장조작은 말 그대로 중앙은행이 공개적으로 금융시장에 개입하는 정책입니다.

금융시장이 불안해지거나 투자자들이 위기감을 느낄 때 중앙은행이 개입하면 '중앙은행이 시장을 보호하고 있으니 걱정하지 말라'는 신호를 보낼 수 있습니다. 주식이나 채권 투자자들에게 경제가 안정적이며 금융 시스템이 신뢰할 수 있는 상태이니 지속적인 투자가 가능하다는 메시지를 전달하는 것입니다. 공개시장조작으로써 중앙은행이 금융시장에서 국채나 공채를 직접 매입(구매)하거나 매도(판매)하는 방식으로 통화량을 조절할 수 있습니다.

중앙은행이 채권을 매입하면 시중에 통화가 공급되어 유동성이 증가하고 금리가 하락합니다. 반대로 중앙은행이 유가증권을 매도하면 시중에서 통화를 흡수하여 유동성이 감소하고 금리가 상승합니다. 금융시장의 상황에 맞춰 중앙은행이 탄력적으로 대응할 수 있어서 매우 효과적입니다.

그러나 공개시장조작이 과도하게 이루어지면 부작용이 발생할 수 있습니다. 지나친 개입은 경제와 금융시장이 예상보다 더 어려운 상태일 수도 있다는 불안감을 초래할 위험도 있습니다.

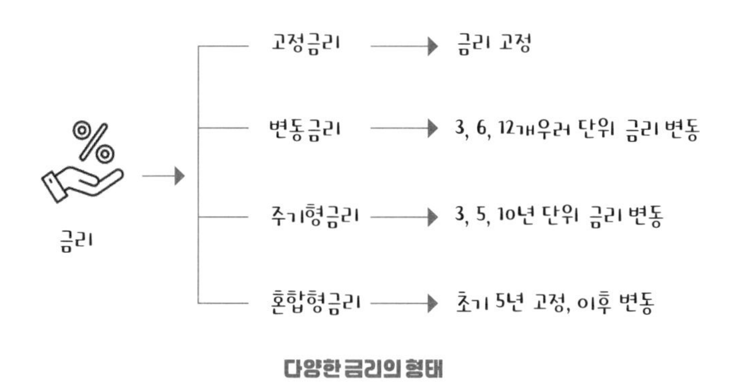

다양한 금리의 형태

금리 기본 공식

은행에서는 다양한 금리 유형을 확인할 수 있습니다. 먼저 대출 금리는 코픽스(COFIX, Cost of Funds Index)를 기준으로 계산합니다. 코픽스는 은행이 자금을 조달하는 데 드는 비용인데, 인터넷 검색을 통해 쉽게 조회할 수 있습니다. 코픽스 금리에서 개인 신용도에 따른 가산금리가 추가됩니다. 가산금리는 개인의 신용 상태에 따라 달라지는데, 이 부분이 은행의 주요 수익원이 됩니다.

여기서 금리 계산이 끝나면 좋겠지만, 적용 방식에 따라 금리 구조가 다양합니다. 먼저 고정금리는 대출 기간 동안 금리가 변하지 않는 방식입니다. 기준금리가 변하더라도 동일한 금리를 적용받기 때문에 대출자가 이자 비용을 예측하기 쉽습니다. 기준금리가 상승해도 이자 부담이 늘어나지 않는 장점이 있지만, 반대로 기준금리가 하락하더라도 이자 부담은 그대로라는 단점도 있습니다. 고정금리로 대출받는 것은 금리 상승 시기에 유리할 수 있습니다.

반대로 시장 금리 변동에 따라 일정 주기로 조정되는 변동금리가 있습니다. 변동 금리는 대출 상품마다 다르지만 일반적으로 3, 6, 12개월 단위로 변동됩니다. 금리가 하락하면 대출자의 이자 부담이 줄어들어 금리 하락기에 유리합니다. 하지만 변동 금리는 이자 비용 예측이 어렵다는 단점이 있습니다. 이러한 단점을 보완하기 위해 주기형금리도 등장했습니다. 주기형금리는 3, 5, 10년 등 장기간에 걸쳐 일정한 주기로만 금리가 변경되는 방식입니다. 몇 년 동안 금리가 고정되므로 이자 비용 예측이 비교적 쉬운 것이 장점입니다.

마지막으로 고정금리와 변동금리가 섞인 혼합형금리가 있습니다. 혼합형금리는 대출 초기 몇 년 동안은 고정금리를 적용했다가 이후 변동금리로 전환되는 방식입니다. 일반적으로 초기 5년 동안은 고정금리를 적용한 후, 이후에는 변동금리로 전환됩니다. 고정, 변동, 주기형, 혼합형금리는 시장 상황에 따라 장단점이 다르므로, 특정 금리가 절대적으로 유리하다고 단정할 수 없습니다. 필요에 따라 알맞은 대출 금리를 선택하면 됩니다.

금리의 응용 공식

금리 설명이 나오면 스프레드(spread)가 자주 등장합니다. 스프레드는 두 가지 금리 차이를 나타냅니다. 장기 금리와 단기 금리, 미국 국채 금리와 우리나라 국채 금리 차이 등을 비교합니다. 경제가 안정적인 경우 스프레드도 안정적입니다. 하지만 경제가 어려워지면 금리 차이가 갑자기 줄어들거나 역전되기도 합니다. 예를 들어 시장에 자금이 부족하면 단기 금리가 급격히 폭등하고, 장기 금리와 차이가 줄어들거나 역전될 수도 있습니다.

스프레드는 시장 상황을 빠르게 읽을 수 있다는 점에서 도움이 됩니다. 경제 지표들은 상황이 끝난 후 통계를 조사하여 발표됩니다. 반면에 시장 금리는 수시로 바뀌고, 금리 스프레드도 시장 상황에 따라 시시각각 변합니다. 시장에서 가장 중요하게 보는 스프레드는 미국 10년물 국채 금리(장기)와 미국 2년물 국채 금리(단기)입니다. 일반적으로 돈을 장기로 빌리는 10년물이 단기 금리보다 더 높습니다.

하지만 시장의 유동성과 자금이 부족해지면 장기 금리는 그대로 있고 단기 금리가 급등하여 심지어 역전될 수도 있습니다. 실제로 2000년 나스닥 붕괴 직전, 1998년 후반부터 2000년 초까지 미국의 장단기 금리가 역전되었습니다. 그리고 2008년 글로벌금융위기 발생 직전인 2006년 말에서 2007년 초에도 미국의 장단기 금리 차이는 역전되었습니다. 장단기 금리 차이는 경제 상황을 미리 예측할 수 있는 매우 중요한 지표로 자주 언급됩니다.

현재 기준금리와 시장금리는 어떤 방향으로 움직이고 있을까요?

08 국제 무역과 관세 전쟁의 씨앗

•••••　국제 무역은 15세기 대항해 시대와 함께 시작되었습니다. 이때는 항해술과 지도 제작술이 발전한 시기입니다. 대형 선박 기술도 진보하여 더 많은 물품을 더 먼 곳까지 운반하는 것도 가능해졌습니다. 한 번에 더 많은 상품을 안전하게 운송할 수 있게 되면서 무역의 수익성이 크게 증가했고, 지리적 범위도 확장되었습니다.

그리고 산업혁명은 국제 무역에 또 한 번 큰 변화를 가져왔습니다. 기술 혁신으로 생산성이 폭발적으로 증가했으며, 기차와 증기선 같은 운송수단의 발전으로 물류 비용도 크게 절감되었습니다. 생산성과 기술 발전으로 무역 품목도 달라졌습니다. 산업화 이전에는 향신료나 비단 또는 귀금속 등 고가의 사치품이 국제 무역의 중심이었

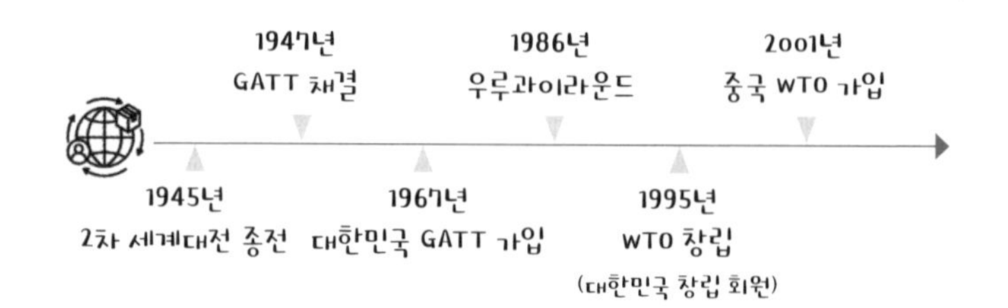

국제 무역의 발전

지만, 산업혁명 이후에는 면직물, 철강, 기계류 같은 공산품이 주요 품목으로 자리 잡았습니다.

하지만 여기서 무역 갈등이 시작됐습니다. 산업화를 먼저 시작한 국가들은 무역을 통해 자국 경제를 확대하려 했지만, 후발 국가들은 자국 산업을 보호하기 위해 보호무역을 고집했습니다. 산업화를 먼저 시작한 영국과 달리, 후발 국가였던 독일과 미국은 관세 정책을 도입합니다. 자유무역과 보호무역 사이의 논쟁이 본격화했습니다.

국제 무역 기구의 등장

보호무역의 문제는 모두 자국의 이익만 우선해서 경쟁이 과열된다는 점입니다. 그로 인해 경제적 긴장과 정치적 갈등이 심해졌습니다. 이러한 긴장과 갈등은 결국 제2차 세계대전의 원인 중 하나가 되었습니다. 전쟁이 끝난 후, 각국은 무역 장벽을 낮추고 국제적 협력을 강화해야 한다는 공감대를 형성했습니다. 이에 따라 1947년 스위스 제네바에서 23개국이 모여 '관세 및 무역에 관한 일반협정(GATT, General Agreement on Tariffs and Trade)'을 체결했습니다.

이 협정은 회원국 간 관세를 낮추고 무역 장벽을 완화하며 국제 무역을 촉진하는 기준을 마련했습니다. 하지만 GATT는 주로 상품 무역에만 초점을 맞추었으며 농산물, 서비스, 지식재산권과 같은 복잡한 무역 문제는 충분히 해결하지 못했습니다. 이에 따라 회원국들은 남아 있는 문제를 해결하기 위해 협상을 진행했습니다. 1986년 우루과이에서 시작된 이 협상들은 총 여덟 번에 걸쳐 진행되었는데, 이를 '우루과이라운드(Uruguay Round)'라고 부릅니다.

그리고 우루과이라운드가 1994년에 마무리되면서, 이듬해인 1995년 세계무역기구(WTO, World Trade Organization)가 설립되었습니다. 국제 무역은 GATT와 우루과이라운드를 거치면서 WTO 체제로 정착했습니다. WTO는 회원국 간 관세 인하 및 무역 분쟁 해결을 통해 무역 장벽을 크게 완화했습니다. 그 결과 1995년 WTO 출범 당시 세계 상품 무역 총액이 약 5조 달러였던 반면, 2023년에는 약 25조 달러로 다섯 배 이상 성장했습니다.*

그리고 중국과 인도, 브라질과 러시아 같은 나라들이 WTO에 가

* 「World Trade Statistical Review 2023」, WTO

입했습니다. 특히 중국은 2001년 WTO에 가입하며 그야말로 '세계의 공장'으로서 글로벌 무역의 핵심 축으로 빠르게 부상했습니다. 현재 WTO에는 164개국이 회원국으로 활동하고 있습니다. 우리나라는 1967년 GATT에 가입한 후 1995년 WTO가 설립될 때는 창립 회원국으로 참여하게 되었습니다.

관세 전쟁의 씨앗

그러나 WTO가 무역 분쟁을 완벽히 해결할 순 없습니다. 분쟁 해결 과정도 복잡하고 시간도 많이 걸리기 때문입니다. 분쟁이 발생한 후 판결이 나오기까지 피해국의 손실은 눈덩이처럼 불어납니다. 또한 WTO는 합의를 기반으로 운영되기에 강제적인 법적 권한도 없습니다. 특히 최근에는 미국, 중국, EU 등 강대국들이 자국의 이익을 위해 독자적인 관세 정책을 시행하고 있습니다.

최근 보호무역주의가 다시 확산되면서 '반덤핑 규제(anti-dumping regulation)' 정책이 자주 등장하고 있습니다. 덤핑이란 정상 가격보다 훨씬 낮은 가격으로 상품을 판매하는 것을 의미합니다. 이를 방치하면 수입국의 산업이 심각한 타격을 받을 수 있습니다. 특히 현지 경쟁 업체들이 도산하면 덤핑 기업이 가격을 다시 인상하는 '약탈적 가격 전략(predatory pricing)'으로 이어져 소비자들에게 장기적으로 큰 피해를 줄 수 있습니다.

이러한 반덤핑 규제는 자국 기업과 소비자를 보호하기 위한 조치로, WTO에서도 허용하는 규제 방식입니다. 실제로 2018년 미국 트럼프 행정부는 중국산 태양광 패널에 대해 30%의 관세를 부과했습니다. EU도 2016년 중국산 철강 제품에 최대 73.7%의 관세를 부과했습니다. 이에 대해 중국은 강하게 반발하며 미국과 EU에 보복 관세를 부과하거나 일부 수입품을 제한하는 조치를 취했습니다. 최근에는 일자리 보호와 첨단 기술 경쟁 등의 이유로 기존 국제 무역 질서가 흔들리고 있으며, 새로운 도전에 직면하고 있습니다.

우리나라는 변화하는 국제 무역 질서에 적절히 대비하고 있을까요?

09 무역과 상업의 언어, 회계

••••• 무역과 상업을 하는 첫 번째 목적은 당연히 돈을 버는 것입니다. 그러려면 돈이 들어오고 나가는 것을 잘 관리해야 하고, 잘 관리하기 위해서는 기록이 필요합니다. 그 기록을 '회계'라 부릅니다. 회계가 본격적으로 등장한 것은 르네상스 시대입니다. 유럽에서 상업과 금융이 급격히 성장하던 시기였습니다. 이탈리아의 피렌체나 베네치아, 제노바와 같은 도시국가들은 지중해 무역의 중심지로 부상하며 이 도시들을 중심으로 막대한 자본이 거래되었습니다.

이 시기 상인들은 단순한 상품 교환을 넘어 대출, 환전, 투자 등 복잡한 금융 거래를 이미 다루기 시작했습니다. 이러한 경제 활동의 증가는 자본의 흐름을 체계적으로 기록하고 관리할 수 있는 시스템의 필요성을 불러일으켰습니다. 덕분에 체계적인 회계 기록이 발전하게 되었으며, 이는 상업 활동의 투명성과 효율성을 크게 향상시켰습니다. 이때 정립된 자산과 부채, 수익 그리고 비용 등의 개념은 현대 회계의 기초가 되었습니다.

회계의 발전으로 무역과 금융의 기록 및 관리가 발달하면서 또 다른 산업의 발전으로 이어졌습니다. 바로 피렌체의 메디치 가문이 금융을 발전시켜, 세계 최초의 은행 시스템이 기초를 다지게 된 것입니다. 유럽 전역에 지점을 설립해 상인들이 현금을 직접 운반하지 않아도 거래할 수 있게 되었고, 필요한 자금을 대출해 주는 등 다양한 서비스를 제공했습니다. 덕분에 유럽의 주요 도시 간 무역이 더욱 활발해졌습니다.

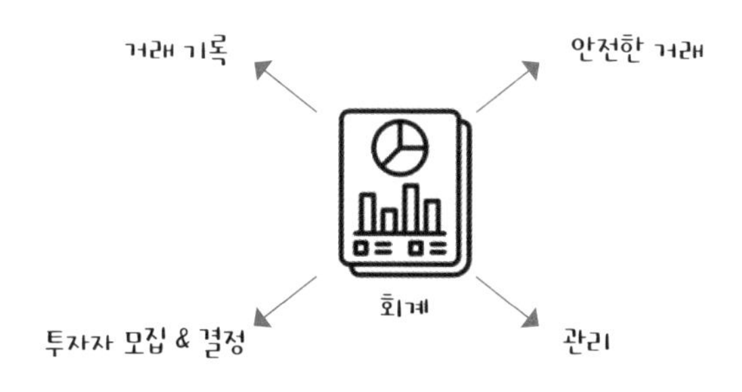

회계의 중요성

상업과 무역의 언어, 회계

르네상스는 인간 중심의 사고와 학문의 발전을 강조하던 시기로, 수학과 과학을 통해 현실의 문제를 고민하기 시작한 때입니다. 이러한 수학적 사고가 회계에도 도입되었으며, 이는 경제 활동을 효율적으로 관리하고 분석할 수 있는 토대를 제공했습니다.* 그중 장부에 두 번 기록하는 복식부기(double-entry bookkeeping)는 회계 기록을 체계적이고 정확하게 관리하기 위해 만들어진 회계 시스템으로, 오늘날까지 대부분의 기업과 조직에서 쓰이고 있습니다.

물론 두 번을 같은 곳에 기록하는 것이 아니라, 왼쪽(차변, debit)과 오른쪽(대변, credit)으로 나누어 기록합니다. 한 곳에만 기록하면 편리하긴 하지만, 비교할 대상이 없어 오류를 찾아내기 어렵습니다. 반면 두 곳에 나누어 기록하면 양쪽을 비교할 수 있어 오류가 발생해도 쉽게 찾아낼 수 있습니다. 이러한 회계 방식 덕분에 무역과 상업이 더욱 안전하고 체계적으로 운영될 수 있었습니다.

시간이 흘러 산업혁명이 시작되면서 회계 역시 발전했습니다. 산업혁명은 기계화와 대량 생산의 시대로, 대규모 자본 투자와 복잡한 생산 과정을 거쳤습니다. 따라서 자금 관리, 자산 및 재고 관리, 생산

* 「The Practice and Culture of Accounting in Renaissance Florence」, R. GOLDTHWAITE, 《Enterprise & Society》, 2015

원가 계산(cost accounting) 등 복잡한 과정을 정리하고 관리하는 기술이 등장했습니다. 무엇보다 가격 경쟁력을 높이기 위해 끊임없는 노력이 필요했던 시기였습니다. 기업들은 원가를 정확히 계산하고 수익을 극대화하기 위해 회계를 활용했습니다.

산업화로 다양한 기업들이 등장하자 기업들은 자금을 유치하기 위해 투자자를 모집하는 경우가 많아졌습니다. 대규모 자본을 조달하기 위해 기업들은 투자자들에게 정보를 투명하게 공개하기 시작했습니다. 투자자들에게 정기적으로 기업 상태를 보고하면서, 기업의 재무 상태를 나타내는 재무제표(financial statements)의 표준화가 이루어졌습니다. 또한 재무제표를 검토하는 감사 제도가 도입되면서, 투자자들이 더욱 신뢰할 수 있는 환경이 조성되었습니다.

국제 회계기준

2000년대 들어 다국적 기업의 활동이 확대되면서 글로벌 경제가 빠르게 통합되었습니다. 본사는 미국에 있지만 공장은 중국에 있고, 자금은 일본에서 조달하며, 제품은 전 세계를 대상으로 판매하는 기업들이 등장했습니다. 글로벌 기업들은 각국의 다른 회계 기준에 맞춰 중복된 재무제표를 작성해야 했습니다. 이는 비효율적이고 투자자들에게도 혼란을 초래했습니다. 결국 2001년 국제 회계기준

(IFRS, International Financial Reporting Standards) 제1호를 제정하여 도입하기 시작했습니다.

특히, 2008년 글로벌금융위기를 지나며 국제적으로 일관된 회계 기준의 필요성이 부각됐습니다. 각국의 상이한 회계 기준과 복잡한 금융 상품으로 인해 위험을 평가하기 어려웠고, 이러한 문제는 대규모 금융 위기로 확대되었기 때문입니다. 이에 따라 IFRS에서는 금융 자산과 부채의 측정과 관련된 기준을 마련하였고, 이후 여러 국가가 이를 도입했습니다. 2001년 IFRS 제1호가 등장한 이후 2023년 1월 기준으로 IFRS 제17호까지 발표되었습니다.

현재 약 140개국 이상이 IFRS를 도입하고 있습니다. 우리나라도 2011년부터 상장기업과 금융회사에 대해 IFRS 적용을 의무화했습니다. 현재 대부분의 상장기업과 대기업이 IFRS를 준수하고 있으며, 일부 비상장 대기업 및 중견기업도 자발적으로 IFRS를 따르고 있습니다. 우리나라는 IFRS를 그대로 번역하여 K-IFRS를 도입하고 있습니다. 국제 무역 의존도가 높은 우리나라는 국제 기준을 준수하기 위해 지속적으로 노력하고 있습니다.

기업의 재무제표를 마지막으로 읽어본 적이 언제인가요?

10 환율 줄다리기

각국은 관세를 통해 국내 산업을 보호하려 하지만, 환율을 활용하면 이러한 방어막을 뚫을 수도 있습니다. 예를 들어 수출국의 통화 가치가 낮아지면, 반대로 상대국의 통화 가치는 상승하게 됩니다. 이때 수출국의 상품 가격은 상대적으로 저렴해집니다. 상품 가격이 낮아지면 수입국은 당장 이득이 될 수 있지만, 자국 산업에는 피해를 줄 수 있습니다. 기업이 경쟁력을 잃고 공장은 문을 닫으면서 결국 일자리 감소로 이어집니다.

또한 수출을 통해 경제 성장을 이루고자 하는 국가들은 자국의 통화 가치 하락을 반기는 경향이 있습니다. 통화 가치가 낮아지면 가격 경쟁력을 유지할 수 있기 때문입니다. 그래서 일부 국가에서는 정부가 공개적 혹은 비공개적으로 외환시장에 개입하기도 합니다. 당연히 자국에 유리한 방향으로 개입하며, 이에 따라 다른 국가들은 경제적 피해를 입을 수 있습니다. 결국 환율을 둘러싼 갈등이 심화되면서 국가 간 줄다리기가 벌어지게 됩니다.

환율을 둘러싼 갈등은 역사적으로 여러 차례 발생했습니다. 1930년대 대공황 시기에 각국은 수출을 늘리기 위해 자국 통화 가치를 의도적으로 낮추기 시작했습니다. 그러나 이러한 정책은 경제위기를 해결하기보다는 상황을 더욱 악화시키고 말았습니다. 최근에는 2010년대부터 미국과 중국 간의 환율 갈등이 본격화했습니다. 미국은 중국이 외환시장에 개입하여 인위적으로 위안화 가치를 낮추고 있다며 환율조작국으로 규정했습니다. 이 갈등은 현재까지도 지속되고 있습니다.

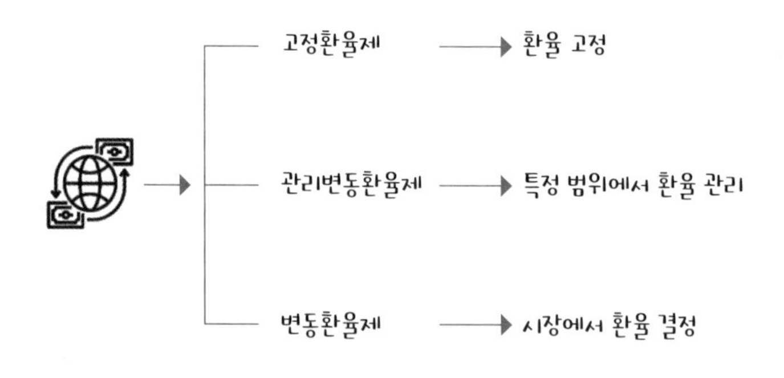

다양한 환율제도

환율 줄다리기 기술들

환율은 한 나라의 통화를 다른 나라의 통화로 교환할 때 적용되는 비율을 의미합니다. 과거에는 고정된 비율이 적용되는 고정환율제(fixed exchange rate system)를 통해 환율을 쉽게 계산했습니다. 각국이 금을 바탕으로 화폐를 발행했기 때문에, 보유한 금을 기준으로 환율을 정할 수 있었습니다. 하지만 현재는 금을 바탕으로 화폐를 발행하지 않습니다. 환율은 경제력, 물가 수준, 금리 그리고 국제 정세 등 다양한 요인에 의해 결정됩니다.

오늘날에는 환율이 시시각각 변하는 변동환율제(floating ex-change rate system)가 널리 사용되고 있습니다. 시장의 수요와 공급에 따라 환율이 결정되는 방식으로, 1973년부터 주요 국가들이 이를 도입하여 사용하고 있습니다. 전 세계 외환거래량은 1973년부터 2019년까지 약 440배 성장했습니다.* 정부가 환율을 직접 관리하기 어려울 정도로 시장이 확대되면서, 변동환율제로 자연스럽게 이행되었습니다.

우리나라는 1997년 이전까지 정부나 중앙은행이 환율에 개입하여 일정 수준을 유지하는 관리변동환율제(managed floating

* Triennial Central Bank Survey of Foreign Exchange and OTC Derivatives Markets (2019)

exchange rate system)를 운영하고 있었습니다. 당시 외환보유고가 부족했음에도 불구하고 일정 수준을 유지하려다가 외환보유액이 고갈되어 외환위기에 빠졌습니다. 결국 1997년 11월 IMF에 도움을 요청하면서 고통스럽게 금융 개혁과 개방이 진행했고, 변동환율제로 전환했습니다.

중국은 아직 관리변동환율제를 채택하고 있습니다. 여기에 위안화의 하루 변동폭은 -2%~+2%까지로 제한되어 있으며, 필요에 따라 중국 인민은행이 환율시장에 개입합니다. 중국은 아직도 변동환율제를 완전히 도입하지 않았기 때문에 미국은 이에 대해 '환율을 인위적으로 조절하고 있다'며 비판합니다. 반면 중국에서는 이에 대해 인위적인 개입이 없다고 반박하고 있습니다.

줄을 당기고 미는 미국과 중국

2019년 8월 미국의 트럼프 행정부는 공식적으로 중국을 환율조작국으로 지정했습니다. 당시 국제사회는 미·중 환율 줄다리기로 큰 충격을 받았습니다. 양측 모두 강경한 태도를 보이며 국제 금융시장에 미칠 영향을 우려하는 분위기가 형성되었습니다. 사실 미국이 중국을 환율조작국으로 지정한 것은 이번이 처음이 아니었습니다. 이미 1994년에 미국의 클린턴 행정부가 중국을 환율조작국으로 지정한 적이 있습니다.

미국은 1988년부터 포괄무역법을 제정하여 매년 두 차례 주요 교역국들의 환율 정책을 평가해왔습니다. 이를 통해 환율을 인위적으로 조절하는 국가는 '환율조작국', 환율 조작이 의심되는 국가를 '관찰대상국'으로 분류했습니다. 이 기준에 따라 1994년 중국이 처음으로 환율조작국으로 지정되었습니다. 2015년에는 무역촉진법을 도입하여 환율조작국과 관찰대상국의 기준을 더욱 명확히 했습니다. 2019년, 중국은 두 번째로 환율조작국으로 지정되었습니다.

현재까지 환율조작국으로 지정된 국가는 중국이 유일합니다. 중국 역시 처음에는 폐쇄적인 고정환율제를 운영해왔습니다. 하지만 미국과 국제사회의 압박으로 천천히 외환시장을 개방하였고, 2005년에는 관리변동환율제로 이행했습니다. 그러나 국제사회는 중국이 금융시장을 완전히 개방하고 변동환율제를 도입할 것을 지속적으로 요구하고 있습니다. 중국과 미국 양측의 줄다리기는 여전히 계속되고 있습니다.

앞으로 환율 줄다리기 싸움은 어떻게 전개될까요?

11 기술 혁신과 투기 사이, 가상화폐

••••• 2013년, 가상화폐 중 하나인 비트코인의 가격이 1,000달러, 우리 돈으로 약 120만 원을 돌파하며 언론과 투자자들의 관심을 받기 시작했습니다. 당시 사람들은 호기심을 가지는 정도였습니다. 그러던 중, 2017년 가상화폐 시장이 폭발적으로 성장하면서 비트코인 가격이 2만 달러, 즉 2,400만 원에 근접했습니다. 사람들은 새로운 투자 기회를 발견했다고 흥분했습니다. 가상화폐를 잘 모르는 사람들도 기회를 놓치지 않기 위해 시장에 뛰어들었습니다.

투자자들이 몰려들면서 시장은 활기를 띠는 것처럼 보였지만 비트코인은 2017년부터 2018년 사이 83.6%나 폭락했습니다. 중국 정부는 중앙은행의 통제권이 약화될 것을 우려하며, 2017년 9월 가상

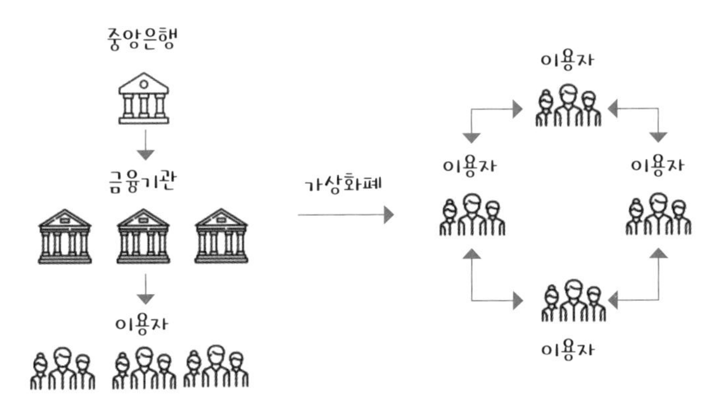

가상화폐 도입으로 바뀌게 될 금융 지형

화폐 거래소 운영을 전면 중단했습니다. 당시 비트코인 거래의 90%가 중국 위안화로 이루어졌는데,* 중국인들의 투자가 중단되면서 가격이 급락했습니다. 이렇게 비트코인 가격이 하락하자 가상화폐에 대한 관심도 급격히 식었습니다.

그렇게 한때의 투기 열풍으로 끝나는 듯했지만, 비트코인은 다시 주목받기 시작했습니다. 2020년, 테슬라와 같은 기업들이 비트코인을 자산으로 매입했고, 2021년에는 미국 금융시장 제도권에 진입하면서 투자 자산으로 자리 잡았습니다. 결정적으로 2024년, 트럼프 대통령 당선 이후 미국을 '비트코인 슈퍼파워'로 만들겠다는 의지가 공개되면서 비트코인은 역사상 최고가인 9만 9,000달러, 우리 돈

* 「State of Blockchain Q3 2017」, CoinDesk

으로 약 1억 3,000만 원을 돌파하기도 했습니다.

금융 지형을 바꿀 기술 혁신, 가상화폐

비트코인의 가격 상승은 단순한 자산 가치의 증가가 아닙니다. 가상화폐는 금융의 미래를 변화시킬 혁신적인 기술의 등장을 의미합니다. 현재 금융 시스템은 중앙은행의 금리 정책 실패, 급격한 화폐 가치 하락, 정부의 부패 등 다양한 문제가 발생합니다. 가상화폐는 특정 집단이 화폐 권력을 독점하는 것이 아니라, 블록체인이라는 기술을 기반으로 운영됩니다. 화폐 권력을 가진 집단의 실수나 부패를 원천적으로 차단할 수 있는 장점이 있습니다.

블록체인 기술은 거래 데이터를 특정 시간 단위로 묶어 블록을 생성하고, 이를 체인처럼 연결하여 기록하는 방식입니다. 모든 기록은 분산되어 여러 곳에 암호화되어 저장되므로, 위조나 변조가 불가능합니다. 특정 기관의 감독 없이 기술만으로 화폐 거래를 기록하고 관리할 수 있게 된 것입니다. 특정 기관의 개입 없이 시스템에 참여한 사용자 간에 직접 거래가 이루어지는 기술이므로 '탈중앙화'되었다고 표현합니다.

블록체인 기술은 금융 산업에 혁신적인 변화를 가져올 수 있습니다. 일단 특정 기관이 개입할 필요가 없어 수수료가 대폭 줄어듭니다. 특히 은행을 거치지 않고도 계좌 이체가 가능해져 금융 거래에 소요되는 시간과 비용이 크게 절감될 수 있습니다. 해외 송금 역시 기존보다 더욱 간편하고 저렴하게 이루어질 수 있습니다. 또한 모든 거래가 시스템에 자동으로 기록되므로, 별도의 중개인 없이도 안전하고 투명한 스마트 계약(smart contracts)을 체결할 수 있습니다.

투자 환경도 달라질 것입니다. 현재 투자금 모집 방식은 금융기관을 통해 이루어지는데, 법적 절차도 복잡하고 비용도 상당합니다. 고액 자산가나 금융기관 종사자가 아니면 투자 기회를 얻기 쉽지 않습니다. 하지만 블록체인 기술을 기반으로 투자금을 모집하는 ICO(Initial Coin Offering) 방식을 이용하면, 전 세계 투자자들을 대상으로 자유롭게 자금을 모집할 수 있습니다. 금융 소외 계층에게도 많은 기회가 제공될 것입니다.

기술 발전과 선수 교체?

기술의 발전은 새로운 기회를 제공하지만, 필연적으로 기존 산업 구조를 바꾸는 '창조적 파괴(creative destruction)'를 초래합니다. 내연기관 자동차의 발명은 마차 산업을 대체했으며, 스마트폰의 등장은 카메라, MP3, 내비게이션 등의 산업을 쇠퇴시켰습니다. 그렇다면 가상화폐 기술의 발전은 어떤 산업에 변화를 가져올까요? 바로 기존에 독점적 지위를 누리고 있는 중앙은행과 금융기관들이 새로운 경쟁자로 교체될 가능성이 있습니다.

중앙은행은 화폐 발행 권한을 보유하고 있습니다. 은행, 증권사, 보험사 등 금융기관은 정부에게 허가받아 운영되는 특정 집단입니다. 그러나 블록체인 기술의 발전으로 이들의 역할이 점차 축소되거나 사라질 가능성이 있습니다. 그동안 독점적인 위치에서 얻던 이익과 정보 생산이 이제 불가능하기 때문입니다. 특히 중개 역할을 하며 수수료를 받는 금융기관들은 더욱 위험해질 수 있습니다.

이러한 변화의 대표적인 예가 CBDC(Central Bank Digital Currency, 중앙은행 발행 디지털 화폐)의 도입입니다. 블록체인 기술과 유사하게 실시간 결제를 가능하고 국제 송금 시 중개 비용과 시간을 아낄 수 있다는 장점이 있습니다. 중국은 이미 디지털 위안화(e-CNY)를 도입하여 운영하고 있으며, EU와 미국 연준 역시 디지털 화폐 발행을 연구하고 있습니다. 비트코인의 등장은 금융 산업의 '선수 교체'라는 거대한 변화를 예고하고 있습니다.

현재 가상화폐를 제도권으로 편입하려는 노력을 하고 있는 나라는 어디일까요?

4장

실전 경제 뉴스 공략

01 엔케리트레이드의 등장

••••• 1990년대 초반, 일본은 자산 거품 붕괴로 인해 심각한 경제 침체에 빠졌습니다. 당시 부동산과 주식시장의 급격한 하락으로 일본은 장기 불황에 진입했습니다. 이를 극복하기 위해 중앙은행인 일본은행은 금리를 계속 낮췄습니다. 급기야 1999년에는 0%인 제로 금리로 낮췄습니다. 엔화를 대출받으면 사실상 이자가 0%가 되었습니다. 일본에서 엔화 자금을 빌리는 비용이 매우 저렴해진 것입니다.

일본이 금리를 낮게 유지하는 동안 미국이나 유럽, 동남아시아 등 다른 나라들은 금리를 상대적으로 높게 유지했습니다. 경제 성장과 상황이 모두 달랐기 때문입니다. 투자자들은 일본에서 낮은 금리로 대출을 받아 다른 나라에 투자하면 차익을 얻을 수 있는 기회가

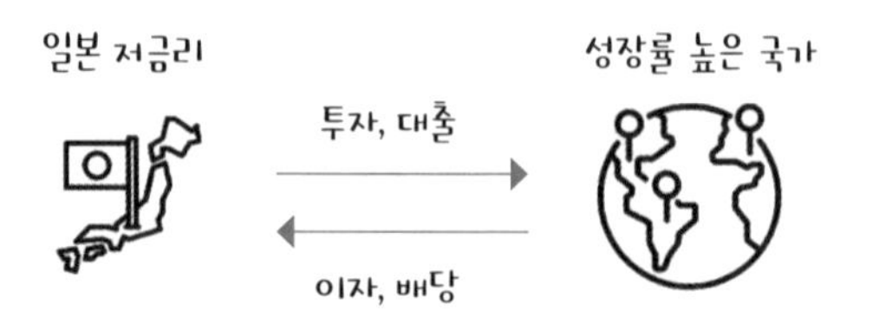

엔케리트레이드의 이동

생겼습니다. 금리가 낮은 일본에서 흘러나온 돈은 수익률이 높은 국가로 흘러가기 시작했습니다. 이런 방식으로 투자된 자금을 '엔케리트레이드(Yen Carry Trade)'라고 불렀습니다.

2016년부터 2024년 1월까지 일본은 제로금리를 넘어 -0.1% 금리를 유지했습니다. 돈을 빌려주는 사람이 이자를 내야 하는 것입니다. 물론 금리가 마이너스까지 내려가자 엔케리트레이드는 계속 증가했습니다. 엔케리트레이드 자금은 정확한 규모가 파악되지 않을 정도인데, 기관들이 약 5,000억 달러에서 20조 달러 사이로 추정하고 있을 뿐입니다. 우리 돈으로는 672조 원에서 2경 6,880조 원 사이의 천문학적인 돈입니다. 엔화의 움직임이 세계 금융시장을 흔들 수 있는 수준이 된 것입니다.

엔케리트레이드의 서막, 플라자 합의

엔케리트레이드가 가능했던 이유는 일본의 저금리 정책 덕분입니다. 그렇다면 일본은 어쩌다 저금리의 긴 터널로 들어간 것일까요? 그 시작은 플라자 합의에서 출발합니다. 1980년대에 미국 경제는 강한 달러화로 인해, 수출 가격 경쟁력이 떨어져 무역 적자가 심각했습니다. 일본은 반대로 엔화 약세 덕분에 강해진 수출 가격 경쟁력으로 무역 흑자를 기록하고 있었습니다. 결과적으로 미국과 일본 사이에서 무역 불균형이 심각하게 발생했습니다.

이런 불균형을 해소하기 위해 미국과 일본, 프랑스와 영국 그리고 당시의 서독 등 국가들이 미국 뉴욕의 플라자 호텔에 모여서 회의를 했습니다. 엔화 가치를 높여서 일본 제품의 수출 가격 경쟁력을 떨어뜨리고, 반대로 달러 가치는 낮춰서 미국 제품의 수출 가격 경쟁력을 높이자고 합의를 하기 위해서였습니다. 이를 플라자 합의라고 부릅니다. 플라자 합의 이후, 일본 엔화 가치는 급격히 상승했습니다. 당연히 일본 제품의 수출 가격 경쟁력은 크게 타격을 입었고, 경제가 얼어붙기 시작했습니다.

경제가 어려워지자 일본은행은 금리를 낮추기 시작했습니다. 금리가 낮아지자 일본 내 자산 가격이 급등하기 시작했습니다. 기업과 개인들이 부동산과 주식에 과도하게 투자하면서 심각한 거품이 생긴 것입니다. 그러나 1990년대 초반, 일본 중앙은행이 금리를 인상하고 정부가 대출 규제를 강화하면서 거품이 터졌습니다. 거품이 붕괴되자 장기 불황으로 접어들었고, 이를 해결하기 위해 계속 금리를 낮추기 시작했습니다.

처음 경제가 어려워 시작한 금리인하는 자산 가격을 상승시켰습니다. 하지만 두 번째 금리 인하는 상황을 바꾸지 못했습니다. 금리를 내렸지만 경제가 계속 하락하면서 '잃어버린 10년, 20년, 30년'이라는 용어를 만들었고, 일본 경제는 장기 불황의 늪에 빠졌습니다. 물론 장기 불황에 빠진 원인은 다양합니다. 중요한 것은 일본이 장기간 저금리를 유지하자, 투자자들이 일본에서 빌린 자금으로 다른 나라에 투자하는 엔캐리트레이드가 자리를 잡았다는 점입니다.

위기의 전주곡 엔캐리트레이드

장기간에 걸쳐 형성된 엔캐리트레이드는 여러 가지 리스크를 만들었습니다. 첫 번째 문제는 환율입니다. 엔캐리트레이드는 일본 엔화를 빌려 상대적으로 수익률이 높은 국가 자산에 투자합니다. 그러나 투자를 받은 나라의 통화가치가 급락하고, 반대로 엔화가 급등하면 문제가 생깁니다. 일본에 돈을 갚을 때 엔화로 갚아야 하는데, 이 경우 엔화 구매에 더욱 많은 돈이 필요하게 됩니다. 결과적으로 환율 차이로 인해 손실을 입게 되는 것입니다.

두 번째 문제는 금리 변동에 취약하다는 점입니다. 일본의 금리가 상승하면 대출 이자가 증가하고, 투자한 국가의 금리가 낮아지면 채권이나 배당의 수익률이 감소합니다. 이자가 증가하고 수익이 감소하면 투자자들은 자산을 팔고 대출을 갚을 것입니다. 이때 한 번에 대규모의 자금이 움직일 수 있습니다. 갑자기 팔려는 사람이 많아지면, 가격 하락에 겁을 먹은 투자자들이 시장에 매물을 쏟아낼 수 있습니다. 결국 투매로 인해 자산 가격이 폭락할 수 있습니다.

실제로 2024년 7월 31일, 일본이 금리를 인상하고 8월 5일 엔케리트레이드 자금의 청산이 시작되자 전 세계 증시가 동시에 폭락했습니다. 코스피 지수는 하루에 8.77%나 폭락해, 우리나라 증시 역사상 하루에 가장 큰 낙폭을 기록했습니다. 일본 닛케이 지수는 12.4% 폭락했고, 대만 주식시장도 8.35%나 폭락했습니다. 미국 나스닥 지수도 8월 1일부터 5일 사이에 8% 하락했습니다. 엔케리트레이드의 위력을 경험한 날이었습니다.

엔케리트레이드 리스크가 어떻게 예측하고 대비할 수 있을까요?

02 경제를 보는 다양한 관점

••••• 경제를 보는 관점은 크게 두 가지가 있습니다. 넓은 시야를 가지고 숲을 보는 방식이 있고, 나무 한 그루씩 아주 세세하게 보는 방식도 있습니다. 먼저 넓은 시야를 가지고 경제를 분석하는 관점은 '거시경제학(macroeconomics)'입니다. 주로 국가나 세계의 관점에서 경제성장률, 실업률, 물가 상승 등을 분석해 경제의 성장 또는 침체를 판단합니다. 거시적 관점이 중요한 이유는 각국 정부가 경제 정책을 펼 때 거시적 분석이 필요하기 때문입니다. 거시라는 표현보다 '매크로'라는 단어를 사용하기도 합니다.

한 그루의 나무를 세세하게 보는 '미시경제학(microeconomics)'도 있습니다. 국가나 세계가 아니라 개별 경제 주체를 분석합니다. 소비자, 가계, 기업 같은 개별 단위의 경제 활동을 조사하고 분석하여 시장 내 자원이 어떻게 배분되는지 관찰합니다. 개별 소비자가 상품을 구매할 때의 선택 과정과 기업이 이윤을 극대화하는 방식 등도 분석합니다. 주로 수요와 공급, 가격 결정, 시장의 경쟁 상황 등 세밀한 경제 현상을 설명합니다. 미시라는 표현보다 '마이크로'라는 단어를 사용할 때도 있습니다.

두 관점은 서로 역할이 다릅니다. 거시적 관점은 개인과 기업, 정부의 중요한 결정에 많은 도움이 됩니다. 예를 들어 지출 확대, 금리 인하, 주택 구매, 사업 확장 등 경제 활동 방향에 지침이 됩니다. 반면에 미시적 관점은 세부적인 영역에서 영향을 줍니다. 특정 제품의 가격 조절, 세금 부과 또는 특정 산업의 구조 개선 등 세부적인 곳이 효율적으로 작동하도록 합니다. 복잡하고도 다양한 경제 흐름을 읽

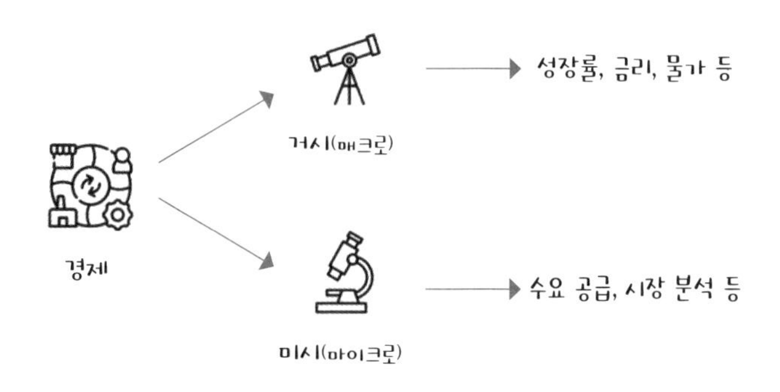

경제를 분석하는 방법

기 위해서는 두 관점을 모두 이해하고 바라보는 것이 중요합니다.

경제를 움직이는 보이지 않는 손

경제 관점에서 겉으로 보이는 현상을 넘어서, 경제 작동의 원리를 설명하는 단어가 있습니다. 바로 '보이지 않는 손(Invisible Hand)'입니다. 경제학의 아버지라고도 불리는 애덤 스미스(Adam Smith)의 책 『국부론(The Wealth of Nations)』에서 처음 등장하는 개념입니다. 경제 참여자들이 자신의 이익을 극대화하기 위해 경제 활동을 할 때, 마치 보이지 않는 손에 의해 자원이 효율적으로 배분된다는 주장입니다. 정부의 직접적인 개입 없이 경제 주체들이 자신의 이익을 추구하는 과정에서 사회가 이익을 얻을 수 있다는 생각입니다.

애덤 스미스가 살던 18세기 영국은 농업 중심의 봉건제 사회였습니다. 지주들은 권력과 자산을 독점하고, 농민과 소작농에겐 경제적 자율성이 거의 없던 시기였습니다. 무역 역시 국가가 강력히 통제하여 국가의 부를 증진시키는 것이 목표였습니다. 이런 사회에서 애덤 스미스의 생각은 상당히 파격적이었을 것입니다. 신분이 아닌 시장, 국가가 아닌 개인이 더 효율적이라는 그의 주장은 큰 생각의 전환을 불러왔습니다.

물론 18세기 후반은 산업혁명이 시작되고 자본주의가 확산되던 시기였습니다. 경제 활동의 규모와 범위도 크게 확장되고 있었습니다. 경제는 농업 중심에서 상업과 제조업 중심으로 전환되고 있었고, 그에 따라 국가 간 무역과 경쟁이 시작되는 때였습니다. 얼마 후 증기 기관의 발명은 더욱 빠른 속도로 변화를 촉진했습니다. 애덤 스미스는 새로운 시대가 동이 트는 것을 목격하고 그에 맞는 사상과 이론을 고안한 것입니다.

애덤 스미스가 바라본 경제의 보이지 않는 손은 지금까지 움직이고 있습니다. "시장이 더 효율적이고, 정부의 개입은 비효율적이므로 최소화해야 한다."라고 주장하는 일부 경제학자의 근거가 되기도 합니다. 시장은 개인과 기업 국가 모두에게 큰 기회를 열어주었습니다. 하지만 애덤 스미스는 독점이 시장의 효율성을 훼손할 수 있다는 점도 함께 경고했습니다.* 또한 도로나 국가 안보 같은 공공 부문은 시장에서 효율적으로 공급되기 어렵다는 점도 지적했습니다.

명목과 실질의 차이

물 컵에 물이 담겨 있을 때, 위에서 내려다보는 것과 밑에서 올려다보는 경우 물의 양이 조금 차이가 납니다. 경제 역시 바라보는 위

* 「아담 스미스 – 경제 '보이지 않는 손'에 맡겨라!」, 장상환, 《KDI 클릭경제교육》, 2009

치에 따라 경제 상황이 다르게 평가될 수 있습니다. 경제가 성장하고 있는 것처럼 보이지만, 실제로 체감하는 경제는 어려운 경우도 있습니다. 이런 차이를 이해하기 위해서는 '명목(nominal)'과 '실질(real)'을 잘 구분해야 합니다. 명목 가격은 현재 화폐 단위로 측정된 가격이며, 실질 가격은 물가 변동을 고려하여 실제 구매력을 반영한 가격입니다.

명목과 실질의 차이는 자주 발생합니다. 월급이 상승했는데 물가는 더 많이 상승해 결과적으로 실질 소득은 줄어들 수도 있습니다. 공장 매출이 상승했지만 비용 상승으로 인해 이익이 감소하기도 합니다. 부동산이나 주식시장에서 거래가 사라져 실제 가격을 측정할 수 없는 경우도 있습니다. 창고에 보관한 컴퓨터나 자동차를 명목 가격으로 기록했지만, 시장에서는 제값을 받지 못할 수도 있습니다. 명목 가격과 실질의 차이가 분명한데, 명목으로만 경제를 평가해서는 안 됩니다.

명목 가격에서 물가상승률을 제외하고 실질 가격을 구할 수 있습니다. 하지만 한계가 존재합니다. 통계는 소비자의 평균적인 구매 패턴을 기준으로 계산되기에, 체감되는 물가 변동과 차이가 있을 수 있습니다. 또한, 자산 가격과 재고 제품들도 평가 기준이 다르기에 정확한 실질 가격을 구하는 것은 어렵습니다. 그렇다면 명목과 실질 모두 필요 없을까요? 아닙니다. 명목과 실질이 다를 수 있다는 점을 인식하고, 실제 체감하는 경제와 비교하는 연습이 필요합니다. 경험과 노하우가 쌓이면 경제를 보다 정확하게 이해하는 안목을 기를 수 있을 것입니다.

지금의 물가상승률과 자산 가격 상승률은 비례할까요?
차이가 난다면 왜 날까요?

공급망 대지진, 리쇼어링

••••• 최신 핸드폰이나 노트북을 쇼핑으로 구매해서 사용할 수 있는 것은 글로벌 공급망 덕분입니다. 원자재 채굴에서부터 부품 제조와 최종 조립 그리고 소비자에게 배송되는 과정까지 전 세계가 정교하게 분업하고 있습니다. 특히 경제가 막 발전하는 신흥국의 저렴한 노동력과 국제 물류 시스템의 혁신이 결합하면서 첨단 제품의 대중화가 가능해졌습니다. 전 세계적으로 분산된 공급망은 생산 비용을 최소화해 제품 가격을 낮추는 데 기여했습니다.

현재 글로벌 공급망을 담당하고 있는 국가들은 브라질, 러시아, 인도, 중국, 남아프리카공화국으로 구성된 '브릭스(BRICS)'입니다. 그리고 베트남, 필리핀, 태국, 인도네시아 등 동남아시아 국가들이 모

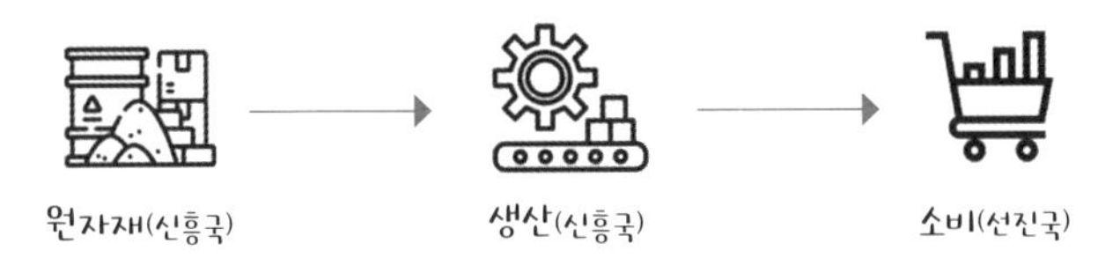

과거 공급망

여 만든 공동체 '아세안(ASEAN)'도 있습니다. 신흥국들은 상대적으로 낮은 인건비를 기반으로 제조업과 생산 인프라를 발전시키는 경우가 많습니다. 중국과 베트남이 좋은 사례입니다. 반면 브라질, 러시아, 인도네시아 등과 같이 많은 자원을 바탕으로 글로벌 시장에서 신흥국으로 떠오른 국가들도 있습니다.

다국적 기업들은 신흥국으로 생산기지를 옮기기도 합니다. 덕분에 신흥국은 선진국에 비해 경제성장률도 높고 시장 규모도 빠르게 성장합니다. 일자리가 풍부해지고 중산층이 증가하고 가처분 소득이 높아지면서, 내수 시장이 빠르게 성장하기도 합니다. 스마트폰, TV, 자동차, 화장품, 명품, 해외여행 등 수요가 생겨나 새로운 시장이 형성됩니다. 이러한 글로벌 공급망 발전은 모두가 윈윈(win-win)하며 해피엔딩을 맞이하는 줄 알았습니다.

공급망을 다시 제자리로 리쇼어링

산업화 이전 대부분의 사회는 농업 또는 가족이나 소규모 공동체가 가정에서 직접 수작업으로 제품을 생산하는 가내 수공업을 중심으로 운영되었습니다. 장인이 기술을 익혀 소량으로 생산하는 간단한 도구만 판매할 수밖에 없었습니다. 곡물, 의류, 가구와 같은 필수품은 지역에서 직접 생산했습니다. 운송 수단도 느리고 보관 기술도 없었습니다. 지금처럼 공급망이 발달하지 못했던 까닭입니다.

공급망이 본격적으로 발전한 때는 산업화 시기입니다. 철도와 증기선의 발달은 물류 효율성을 크게 높여서 제품을 다른 나라까지 쉽게 판매할 수 있게 되었습니다. 원자재를 멀리서도 가져올 수 있게 되어 공급망이 점점 발달하기 시작했습니다. 1995년에 WTO가 설립되면서 글로벌 공급망은 전환점을 맞았습니다. 미국과 유럽의 공장 및 생산 시설이 신흥국의 저비용 노동력이 있는 곳으로 이동하는 오프쇼어링(offshoring) 방식으로 흘러간 것입니다.

하지만 갑자기 해외로 이전한 생산 시설을 자국으로 되돌리는 현상인 리쇼어링(reshoring) 흐름이 나타나기 시작했습니다. 코로나19 팬데믹으로 물류가 멈추면서 글로벌 공급망이 흔들린 것입니다. 필수 의료품, 자동차 부품, 반도체 등 공급에 문제가 발생하자 경제가 추락하고 사람들은 고통을 겪었습니다. 그래서 생산 기지를 아예 자국으로 옮기거나, 자국에서 가까운 지역으로 이전하는 니어쇼어링(nearshoring)을 통해 글로벌 공급망 재편을 시도한 것입니다.

생산 시설이 돌아오면 선진국 시민들에겐 일자리가 늘어나니 반

가운 일입니다. 하지만 기존의 신흥국들은 날벼락을 맞습니다. 일자리가 없어지면서 중산층과 지역 경제가 붕괴할 수 있기 때문입니다. 선진국의 제조업 노하우를 배워서 독자적인 기업과 기술을 발전시킬 기회도 사라질 수 있습니다. 그래서 중국과 베트남, 인도네시아 그리고 멕시코 등 국가들은 수출 감소와 경제적 타격을 우려합니다. 물론 제조업 국가인 우리나라 역시 예외는 아닙니다.

새로운 기술이 바꾸는 공급망 지형

코로나19 팬데믹의 충격은 공급망에 일시적인 지진을 일으켜 지각변동을 가져왔습니다. 하지만 앞으로 등장할 새로운 기술들은 지속적인 변화를 일으킬 것입니다. 이미 도로에 보이는 자율주행 자동차 기술은 물류비용과 시간을 줄이고 인력 부족 문제를 해결할 강력한 대안으로 떠오르고 있습니다. 로봇이나 AI의 등장도 공급망을 다른 모습으로 바꿀 것입니다. 분명한 것은 선진국은 기술 개발과 소비, 신흥국은 원자재와 생산을 담당하는 기존 공급망 구조에 큰 변화가 찾아왔다는 점입니다.

물론 경제 구조가 급변하면 특정 산업이나 지역에서 일자리가 감소하는 '구조적 실업'이 발생할 우려도 있습니다. 기술 혁신으로 기존의 직업이 사라져서 일자리를 잃는 '기술적 실업'도 발생할 수 있습니다. 과거 실업에 대한 두려움 때문에 기술 발전에 반대하는 흐름도 있었습니다. 19세기 초 영국에서 노동자들이 기계 도입으로 생계를 위협받자, 공장과 기계를 파괴하며 저항한 '러다이트 운동(Luddite Movement)'이 대표적입니다. 하지만 그들은 결국 세상의 변화를 막을 수 없었습니다.

공급망 흐름이 변하면 당연히 돈의 흐름도 변합니다. 지금까지 돈과 물자가 흐르던 길이 다른 길로 바뀐다면 세상은 또 다른 모습이 될 것입니다. 우리는 그 변화의 중간에 있을지도 모릅니다. 기존의 흐름이 바뀔 때, 많은 사람들은 두려워합니다. 하지만 이 변화를 누구도 겪어보지 못했기에 불안해하는 것일 수 있습니다. 잘 준비한다면 더 많은 기회를 잡을 수도 있습니다.

변화하는 공급망에서 우리나라는 어디로 가고 있을까요?

04 뒤통수 맞은 동학개미

최근 몇 년간 개인 투자자들의 해외 투자가 크게 증가하고 있습니다. 이렇게 해외에 투자하는 개인 투자자들을 '서학개미'라고 부릅니다. 2024년 7월 말을 기준으로 한국예탁결제원이 보관하고 있는 개인 투자자의 해외 주식 보유 잔액은 약 140조 원을 넘겼습니다. 2018년만 해도 약 13.6조 원으로 비교적 작은 규모였는데 6년 사이에 10배가 넘게 급격히 증가한 것입니다. 특히 그중 91%가 미국 주식에 투자한 금액으로, 특정 시장에 편중되어 있습니다.*

2024년 상반기 동안 국내 개인 투자자들은 미국 주식을 약 90억

* 「"삼전 팔고 테슬라 샀다." … 동학개미, 서학으로 엑소더스[주식 이민]」, 뉴스1, 2024년 7월 12일

달러, 우리 돈으로 약 12.7조 원을 순매수했습니다. 반면 국내 주식은 약 11.9조 원을 팔았습니다.** 해외로 '투자 이민'을 떠난 것입니다. 서학개미는 주로 테슬라나 엔비디아, 애플 등 미국 기술주에 투자했습니다. 고위험·고수익을 낼 수 있는 다양한 ETF에도 투자했습니다. 최근에는 '국내 시장에 투자하면 바보' '국장 탈출은 지능순' 등 국내 주식 투자에 대한 조롱도 점점 확산되었습니다.

이렇게 미국 주식 투자가 대세가 된 원인은 최근 미국 주식의 수익률이 국내 시장보다 훨씬 높았기 때문입니다. 2024년 한 해 동안 나스닥 지수는 약 30%p 상승했습니다. 반면 같은 기간 코스피는 약 9%p 하락했습니다. 미국 기업들이 지속적인 기술 혁신으로 높은 수익률을 보여주자, 투자자들이 미국 시장으로 몰려간 것입니다.

뒤통수 맞은 동학개미

사실 서학개미 유행 이전에 동학개미가 먼저 등장했습니다. 2020년 코로나19 팬데믹 당시 외국인 투자자들이 대규모로 국내 주식을 매도하는 상황이 벌어졌습니다. 이때 개인 투자자들이 국내 시장을 방어하자는 구호를 외치며, 외국인이 매도한 주식을 매수하면

** 「Shunning home markets, South Korean retailers pile-up on US stocks」, 로이터 통신, 2024년 8월 13일

서 동학개미 운동이 시작되었습니다. 개인 투자자들은 국내 주요 기업 주식을 대거 매수하며 코스피 지수는 2021년 1월 6일 3,000포인트를 돌파하는 저력을 보여주기도 했습니다.

이러던 동학개미는 어쩌다 서학개미로 변신했을까요? 다양한 이유가 있지만 가장 중요한 이유는 '물적 분할'을 이용한 '쪼개기 상장'이라는 꼼수 때문입니다. 물적 분할은 기업의 사업 중 일부를 분리하는 것이고, 쪼개기 상장은 그렇게 분리된 기업을 주식시장에 상장하는 것을 뜻합니다. 물적 분할의 문제는 기업을 쪼개는 과정에서 기존 주주들에게 주식을 배분하지 않는 것입니다.

대표적인 예로 2020년 LG화학 배터리 사업부의 물적 분할이 있습니다. 당시 전기차 산업이 성장하면서 배터리 사업이 주목받았습니다. 사람들은 LG화학이 운영하는 배터리 사업의 밝은 미래를 보고 투자를 했습니다. 하지만 LG화학은 배터리 사업부를 물적 분할

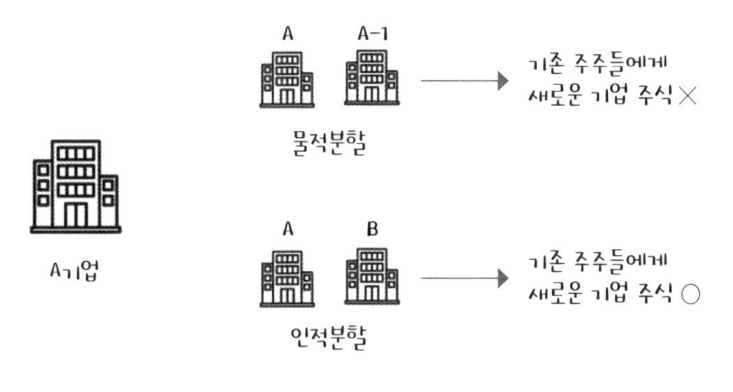

물적분할과 인적분할 차이

해서 만든 LG에너지솔루션을 주식시장에 상장시켰습니다. 배터리 사업부가 물적 분할로 분리되자 LG화학 주가는 내리막을 걸었습니다. 국내 시장에서는 이런 일들이 빈번하게 발생하고 있습니다.

반면 미국의 구글, 애플, 아마존, 메타, 엔비디아와 같은 대기업들은 물적 분할을 하지 않습니다. 미국의 대기업도 여러 사업을 동시에 운영하지만 별도로 상장된 기업은 거의 없습니다. 반면 우리나라는 대기업의 이름을 딴 다양한 기업들이 많이 상장되어 있습니다. 이런 차이로 인해 미국의 기업들은 사업이 성장하면서 주가가 상승할 수 있는 힘이 한 기업에 모이게 됩니다. 반면 한국의 일부 기업들은 사업이 성장하면 분리하기에 주가가 상승할 수 있는 힘이 분산됩니다.

찬밥 신세가 된 개인 투자자들

물론 미국에서도 사업을 분할하긴 합니다. 하지만 미국에서는 물적 분할보다, 기존 주주에게 비율대로 새로운 기업의 주식을 나눠주는 '인적 분할(spin-off)' 방식이 많이 사용됩니다. 새로운 주식을 받기 때문에 사업이 분리되어도 기존 주주들이 충분히 보상을 받게 됩니다. 결국, 소액주주를 고려하지 않는 국내 시장 환경이 동학개미를 서학개미로 돌아서게 만들었습니다. 그리고 만년 찬밥 신세를 당하자, 분노를 넘어 이제는 포기 상태에 이르게 된 것입니다.

개미들이 찬밥 신세가 된 또 다른 원인도 있습니다. 소액주주들은 시장에서 피해를 입어도, 자신을 방어할 수 있는 방법이 거의 없습니다. 미국은 피해를 입은 개인들이 모여 집단 소송을 제기하는 것이 비교적 쉽습니다. 그래서 기업들이 대규모 손해 배상금을 물어야 할 가능성이 있기 때문에 개인 투자자 권익을 침해하지 않으려 노력합니다. 하지만 우리나라는 소송을 제기하는 과정이 길고 비용 부담이 큽니다. 개인 투자자들이 자신을 방어할 수단이 없습니다.

배당 성향(dividend payout ratio) 또한 국내 주식의 약점입니다. 배당 성향은 기업이 벌어들인 순이익 중 주주에게 배당금으로 지급하는 비율을 뜻합니다. 배당 성향이 높을수록 기업들이 주주들에게 이익 일부를 돌려주는 '주주 환원'을 잘한다는 평가를 받습니다. 물론 최근에는 주주 환원이 늘고는 있으나 한국의 상장기업 배당 성향은 2021년 기준 26.7%에 불과해, 41%인 미국이나 56.4%인 영국, 45.4%인 프랑스에 비해 크게 낮았습니다.***

서학개미를 다시 동학개미로 불러들일 방법이 있을까요?

*** 국가별 평균 배당성향 현황, CEO스코어데일리

05 예측할 수 없는 경제 퍼펙트 스톰

••••• '퍼펙트 스톰(Perfect Storm)'은 본래 기상학계에서 쓰이는 말입니다. 특정 기상 조건들이 결합해 초대형 폭풍을 만드는 현상을 가리킵니다. 여러 악재가 동시다발적으로 발생해 예상하지 못한 대규모 위기나 재난을 초래하는 상황을 묘사하는 용어입니다. 최근 들어 퍼펙트 스톰이 경제와 금융 위기를 설명하는 데 자주 등장하고 있습니다. 경제와 금융에서 단일 요인으로 설명할 수 없는, 여러 요인이 서로 영향을 주고받으며 위기가 커지는 현상이 점점 많아지고 있기 때문입니다.

예를 들어 2008년 글로벌금융위기는 미국의 부동산 거품 붕괴, 투자은행 파산, 유동성 위기가 결합되며 세계 경제를 흔들었습니다.

2012년에는 그리스, 스페인, 이탈리아, 포르투갈 등 남유럽 경제 위기가 동시다발적으로 터졌습니다. 2020년엔 전 세계적인 코로나19 팬데믹으로 높은 실업률, 금융시장 변동성을 가져와 경제에 큰 충격을 주었습니다. 최근 2022년에는 러시아-우크라이나 전쟁으로 석유 가격 폭등했고 급격한 인플레이션과 금리 인상까지 겹치며 충격을 주고 있습니다.

과거 금융 시스템은 은행 중심으로 운영되었고, 금융 상품의 종류도 제한적이었습니다. 1930년대 대공황도 그 영향은 미국과 유럽에만 국한되었습니다. 하지만 지금은 세계가 금융과 무역으로 연결되어 있고, 복잡한 파생상품과 돈을 빌리는 레버리지 투자, 전통적인 은행 시스템 밖에서 이루어지는 그림자 금융(shadow banking) 등이 증가했습니다. 경제와 금융이 특정 국가가 관리할 수 없을 정도로 크고 복잡해진 상태입니다. 하나의 작은 사건이 큰 결과로 연결되기 쉬운 구조가 된 것입니다.

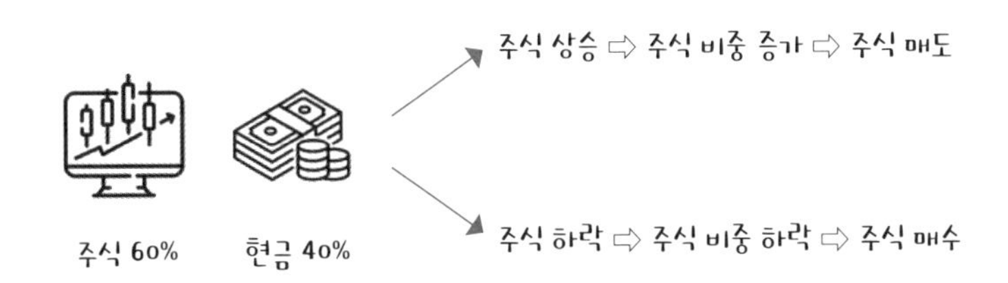

리스크 관리를 위한 리밸런싱의 예

예측 불가능한 경제와 금융

여러 요인이 큰 위기를 불러오는 경우도 있지만, 전혀 예상하지 못한 사건이 시장에 충격을 주는 경우도 있습니다. 이런 현상을 '블랙 스완(Black Swan)'이라 부릅니다. 이 개념은 과거 유럽인들이 백조는 모두 흰색이라고 믿었지만, 호주에서 검은 백조가 발견되며 기존의 상식을 뒤엎은 사건에서 유래했습니다. 블랙 스완은 기존 통계나 예측 모델로는 감지되지 않는 극단적이고 예외적인 사건을 설명하는 데 사용됩니다.

대표적인 예가 9·11 테러나 코로나19 팬데믹 같은 사건입니다. 이런 사건들은 기존 데이터나 경험을 기반으로 전혀 예측이 불가능한 사건으로, 세계 경제와 사회 시스템에 거대한 충격을 주었습니다. 물론 사건 발생 이후 '그럴 조짐은 있었다'는 식의 사후 합리화나 비판이 나오기는 하지만, 실제로는 예측하고 대응하는 것이 불가능합니다. 블랙 스완이란 개념은 2007년에 등장해 2008년 글로벌금융위기가 발생하면서 주목받기 시작했습니다.

기존 경제 모델은 평균값을 기준으로 리스크를 평가하고 집중적으로 대비했습니다. 이 과정에서 평균에서 많이 벗어나는 극단적 리스크들이 과소평가 되었습니다. 이런 리스크를 '꼬리 위험(tail risk)'이라 부르기도 합니다. 평균에서 멀리 떨어져, 끝자락에 아주 적은 부분만 차지하는 모습이 꼬리같이 생겼다고 해서 붙여진 이름입니다. 발생 위험은 낮지만 일단 발생하면, 큰 위기를 불러옵니다. 그래서 '꼬리가 몸통을 흔든다(wag the dog)'고 표현하기도 합니다.

특히 2000년 이후에는 블랙 스완이나 퍼펙트 스톰, 꼬리 위험이 자주 등장해 충격을 주었습니다. 그래서 리스크에 보다 더 유연하게 대응하기 시작했습니다. 대표적으로 극단적인 위기에서도 은행과 금융기관이 생존할 수 있는지 주기적으로 테스트하는 스트레스테스트가 있습니다. 중앙은행과 금융감독기관에서 스트레스테스트를 시행하고, 취약한 부분을 계속해서 제도로 보완하기도 합니다.

위기 대응 방법 리밸런싱

스트레스테스트는 '금융 시스템'의 위기 대응 능력 평가입니다. 하지만 이는 대형 은행, 보험사, 증권사 등 주요 금융기관만 포함되며, 지역 은행이나 소규모 저축은행은 리스크 평가에 포함되지 않습니다. 개인도 마찬가지입니다. 즉 현재의 리스크 평가에는 부족한 부분이 있으며, 이를 통해 위기를 완벽히 대비할 수는 없습니다. 개인들이 이러한 위기를 예측할 수는 없지만 위기가 발생했을 때 자신의 몸을 보호하는 호신술처럼 대응 방법을 익혀두는 것이 중요합니다.

그중 하나의 좋은 방법이 리밸런싱(rebalancing)입니다. 리밸런싱은 자산 비율을 다시(re) 균형을 맞추는(balancing) 것입니다. 예를 들어 주식 60%, 현금 40%로 구성된 포트폴리오에서 주식 가치가 상승하여 비중이 80%로 증가하면 리스크가 높아질 수 있습니다. 이때 리밸런싱을 통해 원래 비율인 주식 60%, 현금 40%로 다시 조정합니다. 정해진 자산의 항목과 비율은 없지만 자신이 설정한 기준에 따라 주기적으로 자산을 조절하는 것이 중요합니다.

리밸런싱의 주요 목적은 리스크 관리입니다. 시장이 상승하거나 하락하는 극단적인 상황에서도 투자자가 보유한 다양한 자산으로 구성된 포트폴리오가 과도하게 한쪽으로 치우치지 않도록 조정하는 역할을 합니다. 고위험 자산의 비율이 높아질 경우 일부를 매도하고, 현금이나 달러 같은 안전 자산으로 균형을 맞출 수 있습니다. 위험 자산이 일정한 비율로 유지되도록 하여 리스크를 효과적으로 관리하는 방법입니다.

그렇다면 위험 자산과 안전 자산은 어떻게 구분할까요?

06 발전하는 투자 기술들

안전자산과 위험자산의 차이는 무엇일까요? 부동산은 안전자산이고 주식은 위험자산에 포함될까요? 반드시 그렇지는 않습니다. 안전자산은 불확실한 경제 상황에도 가치가 비교적 안정적으로 유지되는 자산을 말합니다. 낮은 리스크와 예측 가능한 수익률이 특징이며, 변동성이 적고 필요할 때 쉽게 현금화할 수 있는 높은 유동성을 갖추고 있습니다. 경제 위기와 같은 상황에서 포트폴리오의 안정성을 확보하는 데 사용됩니다. 대표적인 예로 국채와 현금, 금, 정기예금 등이 있습니다.

사실 부동산은 현금화가 느리기 때문에 안전자산에 포함하기 어렵습니다. 포트폴리오에 부동산 비중이 매우 높은 경우에는 자칫 잘

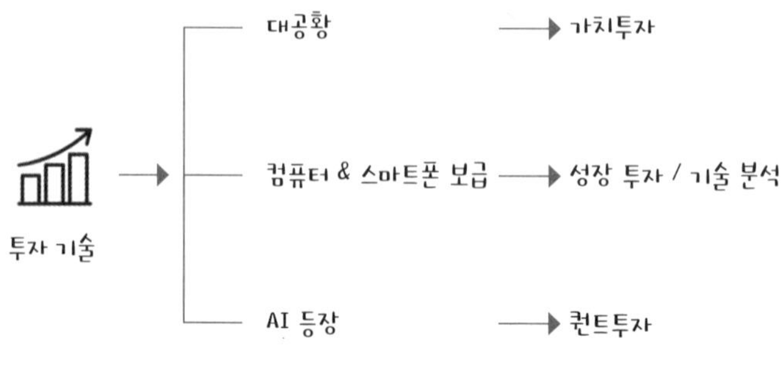

투자 전략의 발전

못하면 현금이 부족해 곤란한 사태를 겪을 수 있습니다. 수익성이 충분하더라도 일시적인 현금 유동성 관리 실패로 무너질 수 있는데, 이를 유동성 위기 혹은 흑자 부도라고 표현합니다. 그렇다면 현금화가 비교적 쉬운 주식은 안전자산일까요? 그것도 당연히 아닙니다. 가격 변동성이 워낙 높기에 위험자산에 포함됩니다.

안전자산에게 요구되는 까다로운 조건을 갖추지 못하면 위험자산에 포함됩니다. 물론 위험자산이 반드시 해로운 것은 아닙니다. 높은 리스크와 시장 변동성에 영향을 받지만, 높은 수익률을 기대할 수 있는 고위험·고수익(high risk·high return) 성격도 가지고 있습니다. 주식, 부동산, 원자재, 선물, 옵션, 신용등급이 낮은 기업의 채권(하이일드 채권, High-Yield Bond) 등이 위험자산에 해당됩니다. 안전자산과 위험자산을 잘 구분해 리스크를 관리하면 큰 수익을 얻을 수 있습니다.

새로운 투자 흐름

여러 자산만큼 다양한 투자 방법도 있습니다. 최근에는 '퀀트투자(quantitative investment)'가 시장의 새로운 트렌드가 되고 있습니다. 퀀트투자는 데이터를 기반으로 한 과학적인 투자로, 개인의 느낌이나 주관을 완전히 배제하고 통계와 컴퓨터 알고리즘, 수학적 계산만으로 투자하는 방식입니다. 빅데이터와 AI 같은 기술이 발전하면서 퀀트투자 방식이 급격히 증가하고 있습니다. 퀀트투자는 주식뿐만 아니라 채권, 외환, 원자재, 암호화폐 등 다양한 곳에 투자합니다.

퀀트투자는 헤지펀드와 투자은행, 자산운용사 그리고 공공기관 등 이미 다양한 곳에서 이용되고 있습니다. 물론 아직 개인 투자자들이 시도하기엔 어려운 방식입니다. 그래도 시장의 큰 흐름을 움직이는 기관 투자자들이 이용하는 만큼, 개념이라도 이해할 필요가 있습니다. 퀀트투자는 기업의 재무 정보, 경제 지표, 뉴스 등을 분석해 투자 전략을 자동화하고 효율성을 높이며 그동안 금융시장에 쌓인 방대한 데이터도 활용해 투자하고 있습니다.

퀀트투자가 새로운 기술이고 완벽할 것 같지만 물론 약점도 존재합니다. 퀀트투자 전략이 널리 알려지고 동시에 사용됨에 따라 동일한 전략을 사용하는 투자자 간의 수익률 경쟁이 심화되고 있습니다. 무엇보다 퀀트투자 역시 과거 데이터를 기반으로 하기 때문에 경제와 금융시장에 자주 등장하는 블랙 스완과 같은 비정상적인 사건에 취약합니다. 또한 부정확한 데이터나 해킹의 위험에 항상 노출되어 있습니다.

다양한 투자 관점

퀀트투자가 등장하기 전에는 '가치투자'와 '성장투자' 전략이 있었습니다. 가치투자는 기업의 본질적 가치를 평가한 내재가치와 현재 시장 가격 사이의 괴리를 찾아내어, 가격이 저평가된 주식에 투자하는 전략입니다. 가치 투자자는 기업의 재무 상황을 분석하여 안정적이고 낮은 리스크를 가진 기업에 투자하는 것을 선호합니다. 대표적인 가치 투자자로는 워런 버핏이 있습니다. 가치투자는 현재 기업의 가치와 시장의 가치를 비교하는 전략입니다.

시간이 지나면서 현재가 아닌 미래를 평가하는 투자 전략도 등장하기 시작했습니다. 기업의 현재 가치와 미래 가치를 비교하여 성장주에 투자하는 전략입니다. 매출과 이익의 급격한 성장, 혁신적인 비즈니스 모델, 시장 점유율 확대 가능성을 평가하여 성장 잠재력이 높은 기업에 투자하는 방식입니다. 컴퓨터와 스마트폰을 기반으로 빠르게 성장하는 기업들이 등장하면서 발전한 투자 방법입니다.

사실 투자 방식의 변화는 산업 변화와 함께 이루어졌습니다. 가치

투자는 1930년대 대공황 이후 등장했습니다. 사람들이 주식에서 큰 손실을 입고 어려움에 처하자 최대한 안전하게 투자하는 방법이 필요해졌습니다. 이후 컴퓨터와 인터넷이 등장하면서 기존 제조업과는 달리 빠르게 성장하는 기업들이 나타났고, 이에 따라 성장 기업에 미리 투자하는 전략이 발전했습니다. 현재는 금융 데이터가 쌓이면서 인간의 실수를 최소화하고, 컴퓨터가 투자 결정을 자동으로 수행하는 투자 방식도 등장했습니다.

이외에도 배당을 꾸준히 지급하는 기업에 투자하는 '배당주 투자'가 있습니다. 또한 주식 가격과 거래량을 실시간 차트로 분석할 수 있을 정도로 기술이 발전하면서, 차트를 기반으로 투자하는 '기술적 분석 투자'도 등장했습니다. 그리고 주식과 채권을 넘어 원자재, 인프라, 암호화폐, 심지어 예술품 등에 투자하는 '대체 투자' 전략도 발전하고 있습니다. 앞으로 세상이 발전하면서 새로운 투자 흐름이 계속 등장할 수 있습니다.

나에게 맞는 투자 전략은 무엇이 있을까요?

07 투자 수익으로 향하는 머니먼 길

••••• 투자에서 가장 중요한 것은 자금을 회수하는 시점입니다. 사람들은 무엇에 투자할지 다양한 공부를 하지만 정작 언제 회수할지에 대한 계획은 없는 경우가 많습니다. 언론과 전문가 들도 어떤 자산에 투자하면 좋은지 강조해 설명하지만, 언제 수익을 실현해 현금으로 바꿔야 하는지는 이야기하지 못합니다. 투자의 회수는 단순한 수익 실현이 아니라, 자산을 지속적으로 성장시키는 과정입니다. 따라서 투자 회수 방식과 기준을 항상 준비해야 합니다.

그렇다면 어떤 기준들이 있을까요? 대표적으로, 투자한 비용 대비 얼마나 많은 수익을 얻을 수 있는지를 측정하는 투자수익률(ROI, Return on Investment)이 있습니다. ROI는 기업들이 새로운 사업을 시작하거나 주식이나 부동산 등 다양한 자산에 투자할 때도 사용됩니다. 투자 비용에는 초기 투자뿐만 아니라 유지비, 관리비, 기타 운영비 등 모든 비용이 포함되며 수익에는 자산 매각, 배당금, 이자 수익 등 모든 수익 요소가 포함됩니다.

예를 들어 100만 원을 투자해 120만 원의 수익을 얻었다면 ROI는 20%입니다. ROI는 간단한 개념이지만 이를 계산하는 훈련이 중요한 이유는 막연한 투자 기대감만으로 인한 잘못된 선택을 방지할 수 있기 때문입니다. 또한 한정된 투자금으로 여러 자산 중 하나를 선택해야 할 경우 ROI를 통해 어떤 투자가 더 높은 수익을 안겨줄지 계산할 수 있습니다. 하지만 ROI는 시간, 리스크, 투자 규모 등 중요한 요소를 반영하지 못하는 한계도 있습니다.

현재와 미래의 차이

ROI에는 시간의 가치 개념이 포함되지 않기 때문에 투자를 회수 시점을 보다 정확하게 정하는 기준이 필요합니다. 투자를 통해 발생하는 미래 현금 흐름을 현재 가치로 환산하는 순현재가치(NPV, Net Present Value) 개념을 활용하는 것입니다. 투자를 하면 매년 수익이 발생하며 현금이 유입됩니다. 10년 동안 매년 100만 원의 현금이 유입되는 투자가 있다고 가정해보겠습니다. 단순히 합산하면 총

1,000만 원의 현금이 유입됩니다. 하지만 1년 뒤 100만 원과 10년 뒤 100만 원의 가치는 다릅니다.

따라서 1~10년 사이 매년 받는 100만 원이 현재 얼마큼의 가치가 있는지 계산해야 합니다. 예를 들어, 현재 74만 원을 연 3% 예금에 예치하면 10년 뒤 100만 원이 됩니다. 즉, 10년 뒤 100만 원의 현재 가치는 약 74만 원입니다. 같은 방식으로 9년 뒤 100만 원의 현재 가치는 약 76만 원입니다. 이처럼 매년 들어오는 돈을 현재 가치로 변환하여 계산할 수 있습니다. 그리고 10년 치의 현재 가치를 모두 합산하면 약 853만 원이 됩니다.

처음에는 매년 100만 원을 10년 동안 받으면 총 1,000만 원을 얻을 수 있다고 생각할 수 있습니다. 그러나 시간의 가치를 고려해 계산하면 약 853만 원이 됩니다. 147만 원의 차이가 발생하지만, 크게

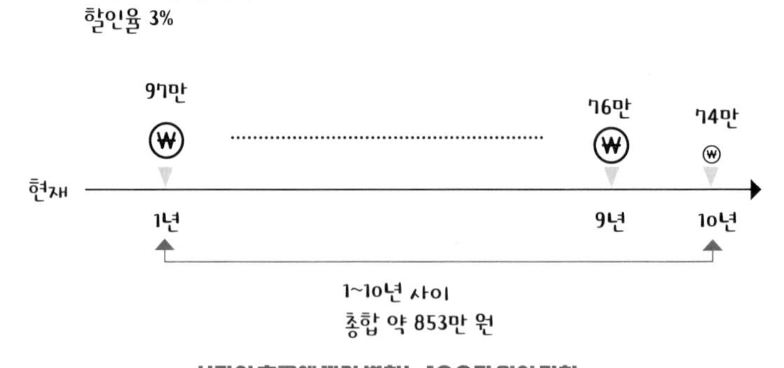

시간의 흐름에 따라 변하는 100만 원의 가치

느껴지지 않을 수도 있습니다. 하지만 투자 금액이 커질수록 이러한 차이는 더욱 커집니다. 그리고 시간의 가치를 계산하지 않으면 잘못된 투자 결정을 내릴 수도 있습니다. 미래에 받을 돈을 과대평가하면 수익률이 낮아질 수 있고, 물가 상승을 고려하면 실제 수익이 마이너스가 될 수도 있습니다.

이러한 계산 방식은 미래에 받을 돈을 현재 가치로 할인하는 개념이라고 합니다. 돈에도 시간의 가치가 있기 때문에, 이를 차감하는 방식입니다. 또한, 같은 투자 금액이라도 어떤 때는 3년 동안, 어떤 때는 10년 동안 지속됩니다. 이때 시간의 가치를 고려해 수익률을 비교해야 합니다. 시간의 가치를 무시하고 단순히 절대 금액을 합산하면, 손해를 보는 선택을 할 수도 있기 때문입니다.

나만의 기준을 정하자

현재 가치를 평가할 때 보통 기준 금리나 은행의 예금 금리를 기준으로 할인합니다. 하지만 자산마다 리스크가 서로 다릅니다. 국채는 국가별로 리스크가 다르고, 주식은 기업의 신용도에 따라 리스크가 달라집니다. 당연히 리스크가 높은 투자일수록 할인율이 더 커야 합니다. 만약 안전자산의 할인율이 이 3%라면, 리스크가 높은 투자 수단에는 리스크 프리미엄(risk premium)을 추가하여 5% 혹은 그 이상의 할인율을 적용해야 합니다.

이 때문에 신흥 시장의 주식이나 고위험·고수익 채권은 높은 수익률을 제시하며 투자자를 모집합니다. 만약 안전한 투자와 비교했을 때 수익률이 낮다면, 투자자들은 투자를 꺼릴 것이기 때문입니다. 물론 리스크 프리미엄을 얼마나 더 받아야 하는지를 정확히 계산하는 것은 어렵습니다. 전문가나 기관들도 정확한 할인율을 산출하는 공식적인 방법은 없습니다. 위험자산의 과거 10년간 수익률을 분석하고, 안전자산과의 수익률 차이를 비교하는 정도의 방법이 주로 쓰입니다.

투자에서 시간의 가치를 계산하고 리스크 프리미엄을 고려하는 이유는 막연한 기대에 의존한다면 무분별한 투자를 초래할 수 있기 때문입니다. 시간의 가치를 반영하여 투자금 회수 시점을 예측하고, 리스크를 평가함으로써 보다 균형 잡힌 투자를 할 수 있습니다. 물론 기준이 명확해도 시장 상황에 따라 계획은 달라질 수 있습니다. 따라서 주기적으로 기준에 맞춰 자산을 리밸런싱하고, 투자 포트폴리오를 조정하는 것이 중요합니다.

자신만의 투자 계획이나 기준을 가지고 있나요?

08 영끌과 빚투 깡통 주의보

●●●●● 2020년 제로금리로 유동성이 풀리면서 전 세계 자산 가격이 상승하기 시작했습니다. 자산 가격이 연일 상승하자 마음이 다급해진 사람들이 등장했습니다. 먼저 부동산시장에 영혼까지 끌어모아 대출받아 부동산을 구매하는 '영끌족'이 등장했습니다. 이들은 집값 상승에 대한 두려움(FOMO, Fear of Missing Out)을 느끼고, 지금 아니면 집을 살 수 없다는 생각했습니다. 기회를 놓치면 손해를 볼 수 있다는 심리적 불안감에 과도한 리스크를 짊어졌습니다.

비슷한 시기 주식과 코인 투자에서도 같은 현상이 나타났습니다. 빚내서 투자하는 '빚투'가 등장하기 시작했습니다. 특히, 개인이 자산을 담보로 원금의 최대 100배까지 대출받는 '마진거래(margin trading)'라는 금융 기법까지 이용했습니다. 상승하면 큰돈을 벌 수 있지만, 반대로 하락하면 순식간에 원금마저 손해 보는 위험한 투자였습니다. 가격이 급락하면 담보를 팔아 대출을 갚아야 하는 강제 청산까지 발생하기도 했습니다.

강제 청산을 당하게 되면 원금까지 모두 날려 빈털터리가 되면서, 계좌 잔액이 0원이 되는 '깡통 계좌'가 됩니다. 빚투 역시 기회를 놓치고 싶지 않은 두려움과 시장이 자신의 생각대로 움직일 것이라는 과도한 확신으로 벌어진 일입니다. 영끌과 빚투는 개인의 선택입니다. 그러나 금융시장을 위험에 빠뜨릴 수 있습니다. 물론 필요한 경우 대출을 받으면 기회를 잡을 수 있지만, 욕심에 사로잡히면 더 큰 위기가 찾아올 수 있습니다. 따라서 기회와 위기를 분별할 수 있는 기준이 있어야 합니다.

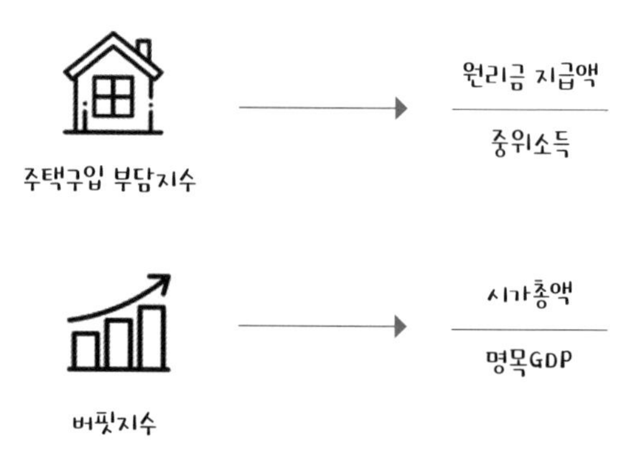

다양한 자산 평가 방법

주택구입 부담지수

주택구입 부담지수(Housing Purchase Burden Index)는 주택을 구매하기 위해 가구가 부담해야 하는 경제적 수준을 평가하는 지표입니다. 가계가 주택을 구매하고, 월별 상환 부담이 가구 소득 대비 어느 정도 비율을 차지하는지 계산해 보여줍니다. 주택구입 부담지수는 모든 가구의 소득을 순서대로 배열했을 때 중앙에 위치한 소득인 '중위소득'을 기준으로 계산됩니다. 우리나라의 중위소득을 기준으로 주택을 구매할 때, 필요한 원리금 상환 금액이 소득의 몇 %를 차지하는지 나타내는 것입니다.

예를 들어 주택구입 부담지수가 100%라면, 가구 소득의 25%를 대출 상환에 사용해야 하는 재정적 부담을 의미합니다. 소득 대비 주택 가격이 높다면 시장이 고평가된 것일 수 있습니다. 반대로 지표가 60%라면 소득 대비 주택 가격 부담이 적은 상태로 볼 수 있어 시장이 상당히 저평가되었다고 볼 수 있습니다. 주택구입 부담지수는 주택금융통계시스템 홈페이지에서 확인할 수 있습니다.

참고로 2022년 3분기 서울 216.4%, 전국 89.3%로 최고점을 기록했습니다. 최근에는 서서히 하락해 2024년 2분기 기준 서울 147.9%, 전국 61.1%를 기록했습니다. 최근에 지표가 가장 낮았던 시점은 2015년 1분기로 서울 83.7%, 전국 50.3%를 기록했습니다. 주택구입 부담지수로 시장을 정확히 예측할 수는 없지만, 적어도 2022년이 굉장히 과열됐었다는 것을 알 수 있는 지표였습니다. 무엇보다 기준이 있었다면, 급한 마음에 고점 매수를 하지 않았을 것입니다.

버핏지수

주식시장에도 과열 여부를 판단할 수 있는 기준이 있습니다. 여러 지표가 있지만, 워런 버핏이 처음으로 제시한 '버핏지수(Warren Buffett Indicator)'가 대표적입니다. 이는 한 국가의 주식시장 시가총액을 GDP로 나눈 값입니다. 생산 규모 대비 주식시장의 가치 수준을 비교하여 주식시장의 과열 상태를 판단할 수 있는 지표입니다. 워런 버핏이 '주식시장의 가치를 평가하는 가장 좋은 단일 지표'라고 언급하면서 널리 알려지게 되었습니다.

버핏지수는 100%를 기준으로 해석됩니다. 버핏지수가 100%를 초과하면 주식시장이 GDP보다 커졌다는 뜻으로, 시장이 과열되었을 가능성이 있습니다. 반대로 버핏지수가 100% 미만이면 주식시장이 GDP보다 작아 저평가되었을 가능성이 높습니다. 예를 들어 버핏지수가 150%라면 주식시장의 규모가 GDP의 1.5배라는 의미로, 경제적 생산 능력에 비해 주식시장의 가치가 과열되었을 가능성이 있음을 나타냅니다.

실제로 2000년 닷컴 버블 당시 미국의 버핏지수가 140%를 넘어서자 시장은 붕괴했습니다. 인터넷 관련 주식의 폭발적인 상승세를 외면한 버핏은 '시대에 뒤떨어졌다'는 비판을 받기도 했습니다. 하지만 버핏은 자신의 기준과 철학을 바탕으로 휩쓸리지 않고 위기와 기회를 정확히 구분했습니다. 물론 최근에는 다국적 기업이 늘어나면서, 생산을 해외에서 하는 기업이 많아져 GDP와 주식시장만을 비교하는 것은 한계가 있는 것도 사실입니다. 금리와 인플레이션, 실업률 등 다양한 경제 지표를 함께 고려해야 합니다.

중요한 것은 자산 시장에 대한 자신만의 기준을 갖고 이를 넘어 철학을 세우는 것입니다. 영끌과 빚투는 뒤처질 수 있다는 불안감, 독립적인 판단보다는 집단의 행동과 의견에 동조하는 군중 심리에 휩쓸린 결과물입니다. 남들과 반대로 행동하는 것은 사실 매우 어려운 일입니다. 그만큼 확신과 용기가 있어야 가능합니다. 확신은 철저한 준비와 공부를 통해서, 용기는 절제와 자기 성찰을 통해 겨우 얻을 수 있습니다.

자신만의 투자 기준과 철학이 있나요?

시장에 흔들리지 않는 가치투자

••••• 주식 투자에서 가장 어려운 일은 주가의 상승과 하락 속에서도 자신의 감정을 통제하고 흔들리지 않는 상태를 유지하는 것입니다. 하지만 말이 쉽지, 감정의 균형을 잡는 것은 정말 어려운 일입니다. 주식시장은 단기적으로 과대 평가되거나 과소 평가되는 일이 빈번하고, 투자자들의 감정에 의해 가격 변동이 발생합니다. 결국 기업의 본질적 가치를 기반으로 장기적으로 정상적인 가격이 될 때까지 투자하고 기다리는 '가치투자'가 좋은 해결 방법입니다.

가치투자는 1930년대 대공황 이후 등장한 개념입니다. 당시 주식시장은 투기 과열로 인해 폭락했고, 수많은 투자자와 기업이 막대한 손실을 입었습니다. 대공황 이전의 투자 환경은 기업의 재무 상태를 전혀 고려하지 않고, 단기적인 주가 상승에만 초점을 맞춘 투기적 거래가 대부분이었습니다. 투자자들은 기업의 가치와 무관하게 시장 심리에 따라 매수와 매도를 반복했습니다. 결국 주식시장의 급격한 변동성을 감당하지 못하고 무너졌습니다.

이런 배경에서 가치투자의 기초를 다진 사람이 벤저민 그레이엄(Benjamin Graham)입니다. 그는 1934년 데이비드 도드(David Dodd)와 함께 출간한 『증권 분석(Security Analysis)』에서 주식과 채권의 내재가치를 평가하는 체계적인 방법을 제시했습니다. 기업의 가치는 시장 가격과 독립적으로 존재하며, 시장은 단기적으로 비이성적으로 움직일 수 있다고 보았습니다. 또한 기업의 가치를 수익성, 자산, 부채 등을 통해 분석하여 평가하고 시장의 변동성을 이용해 저평가된 자산을 매수해야 한다고 했습니다. 수익은 단기가 아닌 장기적으로 실현해야 한다는 시각이었습니다.

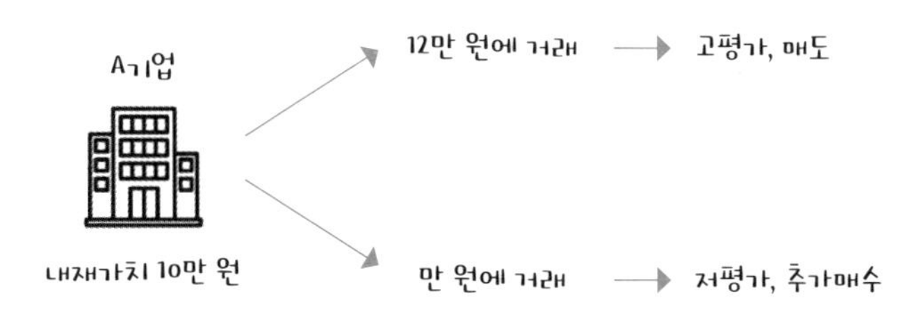

기업의 내재가치와 시장가치 비교

다양한 가치 평가 방법들

가치투자에서 핵심은 안전마진(margin of safety)을 확보하는 것입니다. 안전마진은 기업의 내재가치와 시장 가격의 차이에서 발생합니다. 예를 들어, 한 기업의 주식이 10만 원으로 평가되었지만 시장에서 7만 원에 거래되고 있다면, 이 둘의 차이인 3만 원(30%)이 안전마진입니다. 장기적으로 보면 내재가치(10만 원)로 회복할 수 있기에, 단기적 가격 변동이 있더라도 견딜 수 있습니다. 오히려 가격이 하락한다면 추가 매수할 수 있습니다.

안전마진이 크면 클수록 자산이 저평가되어 있을 가능성이 높습니다. 그렇다면 기업의 가치를 어떻게 평가할까요? 먼저 기업이 앞으로 얼마나 돈을 벌 수 있는지 평가하는 방법이 있습니다. 현금흐름할인 모형(DCF, Discounted Cash Flow)은 기업이 일정 기간 동안 창출할 것으로 예상되는 현금 흐름을 계산한 후 현재 가치로 할인해 더하는 것입니다. 기업이 돈을 버는 능력과 현재 기업의 시장 가격을 비교하는 방식입니다.

두 번째는 기업이 미래에 지급할 배당금(dividends)을 현재 가치로 계산하는 방법인 배당 할인 모형(DDM, Dividend Discount Model)이 있습니다. 배당금이라는 구체적인 지표를 이용해 기업의 가치를 계산하는 객관적인 방법입니다. 전기, 가스, 수도 등 필수 공공재를 생산하고 공급하는 유틸리티 기업, 부동산에 투자하는 리츠(REITs) 기업 그리고 고배당 기업 등 안정적으로 배당금을 지급하는 기업의 가치를 평가할 때 사용됩니다. 주가 차익보다 배당 수익을 목표로 하는 평가 방법입니다.

이 밖에도 동일한 업종의 기업들을 상대적으로 비교하고 기업이 가진 순자산 가치를 계산하며, 기업이 보유한 자본 대비 얼마나 수익을 내고 있는지 평가하여 기업의 내재가치를 분석할 수 있습니다. 이러한 방법은 투자 리스크를 줄이는 데 효과적이지만, 한계도 분명히 존재합니다. 미래의 현금 흐름, 성장률, 금리 등은 상황에 따라 변하기 때문에 기업의 가치도 변할 수 있습니다. 따라서 반드시 수익을 보장하지는 않습니다. 그래도 가치투자는 비이성적인 시장 속에서 합리적인 결정과 투자를 할 수 있는 가장 좋은 투자 방법입니다.

코스톨라니의 산책하는 개

기업 본질적 가치와 시장 가격 사이의 관계에 대한 재미있는 비유가 있습니다. 헝가리 출신의 투자 대가 앙드레 코스톨라니(André Kostolany)의 '산책하는 개' 이야기입니다. 개의 주인은 일정한 속도로 산책을 하는 사람으로, 경제의 방향이나 기업의 내재가 또는 장기적인 성장 흐름을 나타냅니다. 반면 개는 자유롭게 움직이며 주인을 따라다니는 존재로, 주식시장의 단기적 흐름을 나타냅니다. 개는 주인과 멀리 떨어지기도 하지만 결국 돌아오게 됩니다.

주가는 단기적으로 시장 심리와 외부 요인에 의해 비이성적으로 움직일 수 있습니다. 개가 주인보다 앞서 달려가는 경우 낙관적인 투자 심리가 시장을 지배해, 단기적으로 주가가 고평가될 수 있습니다. 반대로 개가 주인으로부터 뒤로 떨어지는 경우는 공포 심리나 과도한 매도세로 인해 주가가 단기적으로 저평가될 수 있습니다. 코스톨라니는 이러한 단기적 변동은 일시적일 뿐이며, 주가는 결국 개가 주인 곁으로 돌아오듯 본질적 가치에 수렴한다고 보았습니다.

그래서 주가가 본질적 가치에 도달할 때까지 기다릴 수 있는 인내심과 냉철한 판단력을 유지하는 것이 투자의 핵심이라고 강조합니다. 투자자 심리가 시장에 미치는 영향을 이해하고, 이를 활용해 저평가된 자산을 매수하거나 고평가된 자산을 매도하는 기회를 포착할 수도 있습니다. 결국 주가라는 개에게 끌려다니며 지쳐 집으로 돌아올 것인지, 아니면 주가의 목줄을 잘 잡고 목표에 도달할 것인지는 자신의 선택에 달려 있습니다.

시장에 흔들리지 않을 기준을 가지고 계신가요?

10 경제는 아직도 사춘기

••••• 우리의 삶이 예상대로 흘러가지 않듯이 경제 역시 전문가의 이론과 예측대로 흘러가지 않습니다. 정부와 전문가들이 열심히 분석해 예측하지만, 시장은 전혀 반대로 흘러가는 경우가 많습니다. 1930년 대공황 당시 많은 경제학자들이 수요와 공급의 원칙에 따라 시장이 스스로 회복할 것이라고 생각했습니다. 당시 대통령이었던 허버트 후버(Herbert Hoover) 역시 개입을 최소화하고, 민간 기업과 은행 등이 경제 문제를 해결할 수 있을 것이라 믿었습니다.

당시 경제학자들은 "공급이 스스로 수요를 창출한다."는 세이의 법칙(Say's Law)을 철석같이 믿고 있었습니다. 생산이 증가하면 원자재도 구매하고 사람도 고용하는 과정에서 소득이 창출되고, 소득이 생기면 당연히 소비로 이어진다고 생각했습니다. 따라서 시장에는 초과 공급이 발생하지 않는다고 여겼습니다. 생산이 증가하면 소비도 자동으로 증가하기 때문에 시장이 스스로 균형을 찾아갈 수 있다고 생각했기 때문입니다. 문제는 세이의 법칙이 1803년에 등장했다는 것입니다.

여기에 1913년 미국에서 헨리 포드가 컨베이어 벨트를 도입하면서, 조립 라인을 만들어 생산성을 비약적으로 상승시켰습니다. 그러자 다른 제조업들도 조립 라인을 도입해 생산 효율성을 높였습니다. 대량 생산 시대인 포드주의(Fordism)라는 새로운 시대가 열린 것입니다. 공급이 증가하는 속도가 수요를 빠르게 추월하기 시작했습니다. 상품이 팔리지 않으면서 재고가 급격히 증가하고 기업들이 파산하고, 대규모 해고로 이어져 실업률이 약 25%까지 치솟았습니다.

뉴딜 정책의 등장

대공황이 시작되고 은행들의 연쇄 파산과 자산 가치 폭락이 이어졌습니다. 미국 사회는 극심한 혼란에 빠졌습니다. 소비와 투자가 계속 급감하면서 경제는 끝없는 악순환을 반복했습니다. 시장이 스스로 위기를 해결하고 회복할 수 없다는 사실이 드러난 것입니다. 이러한 상황에서 1933년 프랭클린 D. 루스벨트(Franklin D. Roosevelt)가 대통령으로 취임했습니다. 그는 대공황 극복을 위한 대규모 정부 개입이 필요함을 느끼고, 뉴딜 정책(New Deal)을 본격적으로 추진하기 시작했습니다.

뉴딜 정책은 실업 문제를 해결하기 위해 대규모 공공 사업을 진행하고, 정부의 적극적인 역할을 강조해 시장에 적극 개입했습니다. 기존의 경제학자들과 완전히 다른 개념으로 시장을 바라본 것입니다. 이들은 정부의 적극적인 지출을 장려했고, 때로는 재정 적자를 감수하더라도 경제를 회복 시켜야 한다고 주장했습니다. 존 메이너드 케인스(John Maynard Keynes)를 중심으로 많은 학자들이 비슷한 주장을 펼치면서 경제학의 새로운 흐름이 형성되었습니다.

이들은 '케인지언(Keynesian) 학파'로 불리게 되었으며, 애덤 스미스에서 출발한 기존의 경제학은 '고전 학파(Classical School)'로 분류되었습니다. 대공황이라는 큰 충격 속에서 경제학은 과거에 매몰되지 않고 새로운 흐름을 만들어 냈습니다. 시장의 자율 조정을 중시하며 정부 개입을 최소화하려는 고전학파와, 시장의 한계를 인정하고 적극적인 정부 개입의 필요성을 강조하는 케인지언 학파로 나눠진 것입니다.

스태그플레이션의 습격

1970년대 석유 파동으로 원유 가격이 급등하면서 생산 비용이 증가하고, 실업률 상승과 인플레이션이 동시에 발생하는 스태그플레이션(stagflation)에 직면했습니다. 케인지언 경제학자들은 수요 확대를 목표로 재정 지출을 늘리고 통화 정책을 완화했습니다. 하지만 물가를 더 자극해 인플레이션을 억제하지 못했고, 실업률 문제도 해결하지 못했습니다. 물가와 실업률이 동시에 상승하는 새로운 문제가 등장하자 경제학계에는 또다시 변화의 흐름이 생겨났습니다.

고전학파의 경제 이론을 계승하고 발전시킨 '신고전학파(Neoclassical Economics)'가 급부상하기 시작한 것입니다. 이들은 인플레이션의 원인을 통화 공급량의 과도한 증가로 보고, 중앙은행이 통화 정책을 적절히 잘 이용해서 경제를 안정시켜야 한다고 주장했습니다. 또한, 정부의 단기 부양책과 개입이 실업률을 낮추지 못하고 오히려 인플레이션을 가중시킨다고 설명하며, 케인지언의 정책 한계를 지적했습니다. 신고전학파는 스태그플레이션 해결에 기여하며 다시 변화를 이끌었습니다.

지금은 신고전학파와 케인지언 이론을 상황에 따라 복합적으로 적용해 경제 문제를 해결하고 있습니다. 또한 경제학과 심리학을 결합한 행동경제학 등 새로운 흐름도 등장하고 있습니다. 경제학은 시

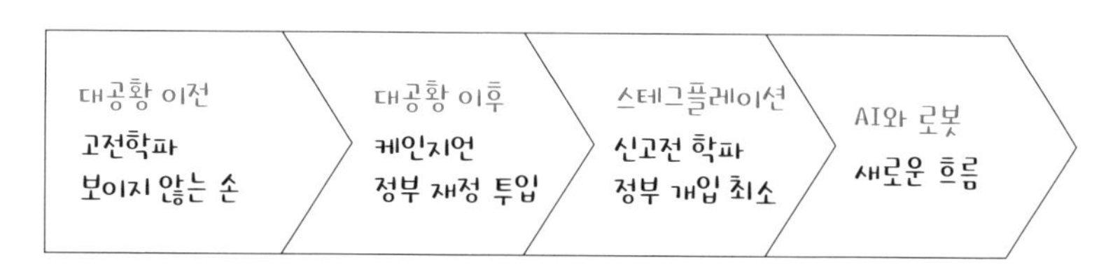

경제학의 변화

대의 변화에 따라 등장한 문제들을 해결하면서 성장해왔습니다. 앞으로는 인공지능이나 로봇의 등장으로 더욱 큰 변화를 맞이하게 될 것입니다. 어떤 경제학자가 새로운 흐름을 만들어서 세상을 바꿔 나갈까요? 우리는 그 변화를 주시해야 합니다. 과거의 틀에 머무른다면 새로운 흐름에 반드시 뒤처질 것입니다.

인공지능과 로봇은 어떻게 우리의 경제와 삶을 바꿀까요?

5장

일상 속 경제용어 꿀팁

01 똑똑한 사람의 바보 같은 선택

우리들은 경제활동을 하면서 수많은 선택을 합니다. 기업에 취직하고 집과 자동차를 구매하며 주식과 코인에 투자하고, 매일 점심 메뉴도 고릅니다. 모든 경제활동은 선택의 연속입니다. 하지만 우리의 자원과 시간이 한정되어 있기 때문에 한 가지를 선택하면 다른 것을 포기해야 하는 경우가 발생합니다. 이를 기회비용(opportunity cost)이라 부릅니다. 기회비용에는 돈뿐만 아니라 시간과 노력 그리고 만족감 등 모든 가치가 포함됩니다.

비용이 발생하는 만큼 경제학은 오랜 시간 동안 인간이 합리적으로 생각하고 결정한다고 믿었습니다. 주어진 여러 정보를 완벽히 이해해서 자신에게 가장 유리한 선택을 한다고 믿은 것입니다. 인간이 자신에게 가장 유리한 결정을 한다면 인간의 행동을 예측할 수 있다고 보았습니다. 한 발 더 나아가, 인간의 행동이 예측 가능한 만큼 시장과 경제 전체의 움직임도 예측 가능하다고 생각했습니다. 따라서 수학을 응용해 경제를 분석하고 다양한 문제를 해결하려 노력하기 시작했습니다.

하지만 경제학자들의 이론과 수학 공식만으로는 현실을 충분히 설명할 수 없습니다. 시장에는 비합리적인 참여자들도 존재하기 때문입니다. 제한된 정보에서 선택을 하고, 이익과 비용을 계산하지만 감정에 영향을 받기도 합니다. 투자자들은 지나치게 낙관적이거나 비관적인 감정에 휩싸여 시장에 버블이 생기거나 붕괴하는 현상이 발생합니다. 소비자도 늘 합리적인 소비만 하지는 않습니다. 비싼 브랜드를 선택하거나 전혀 불필요한 소비를 하기도 합니다.

경제학과 심리학의 만남

결국 경제학에서는 합리적인 인간이 아니라 비합리적인 인간을 기반으로 경제 사건과 현상을 설명할 필요가 생겼습니다. 그리하여 이론과 수학으로만 해결하기 어려운 현상을 심리학적 관점으로 접근하는 행동경제학(Behavioral Economics)이 등장했습니다. 인간이 모든 의사 결정에서 완전한 합리성을 추구하지 못한다는 제한된 합

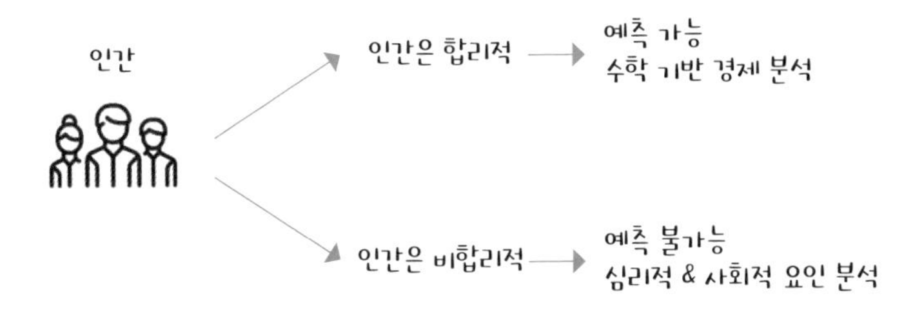

합리적 vs 비합리적 인간이 참여하는 경제

리성(bounded rationality)을 가지고 있다고 가정하고, 모든 선택 항목을 평가할 수 있는 능력이 부족하기에 최선이 아닌 만족스러운 선택을 한다고 본 것입니다.

'최선'의 선택이 아닌 '충분히 좋은' 선택은 전통 경제학의 합리적 인간과 대비되는 부분입니다. 예를 들어 소비자가 수많은 상품 중 가장 가성비 좋은 제품을 찾기 위해 모든 제품을 비교하지 않고, 필요한 조건을 충족하는 제품을 빠르게 선택합니다. 일부 정보만 분석한 후 충분히 만족스러운 선택을 통해 탐색 비용(search cost)을 줄이는 것입니다. 결국 인간이 제한된 정보와 시간 속에서 비합리적이거나 비효율적인 선택을 하기도 하기 때문에 시장이 때로는 비효율적이고 왜곡될 수 있다고 보았습니다.

또한 인간이 비합리적인 선택을 하는 대표적인 이유로 손실회피(loss aversion) 경향이 있습니다. 손실은 심리적으로 이익의 약 두 배에 달하는 영향을 미칩니다. 할인 혜택보다 가격 인상에, 복지 축소보다 세금 인상에 더욱 거부감을 갖는 심리가 여기에 있습니다. 발생하지 않은 손실에 대한 두려움 때문에 변화가 필요한 상황에서도 기존 상태를 유지하고 장기적으로 더 큰 이익을 얻을 수 있는 기회를 놓치게 만들기도 합니다.

손실이 두려운 심리는 매몰 비용의 오류(Sunk Cost Fallacy)로 연결됩니다. 지금까지 투자한 것이 아깝다는 심리 때문에 비합리적인 결정을 내리는 현상을 말합니다. 손실 가능성이 높아진 사업 혹은 주식에 투자를 멈추지 못해 손실을 키우고, 오래된 관계에서 갈등이 계속 발생해도 관계를 유지하면서 시간이라는 비용을 계속 지불하는 경우입니다. 이미 투자한 비용을 정당화하려는 심리로 인해 손실을 줄이기는커녕 오히려 키우는 결과를 가져옵니다.

진짜 똑똑해지는 방법은?

기업은 이런 심리를 이용하기도 합니다. 제한된 합리성을 이용해 여러 상품을 모아서 패키지로 같이 판매하고, 넷플릭스 같은 구독 서비스에 기본적으로 자동적으로 갱신하도록 합니다. 손실회피의 심리를 이용해 광고에 '지금 구매하지 않으면 할인을 받을 수 없습니다' '지금 구매하지 않으면 놓칠 수 있습니다' 등과 같은 표현을 사용해 소비자의 구매를 촉구하기도 합니다.

기업들의 생산 능력은 하루가 다르게 발전하고 물류의 발전으로 기업의 제품은 세계 어디에서든 판매 가능하게 되었습니다. 특히 인터넷의 보급으로 정보 유통 속도와 양이 폭발적으로 증가했습니다. 폭포처럼 쏟아지는 제품과 정보 속에서 소비자에게 선택을 받기 위해 치열하게 경쟁하는 시대입니다. 제품들 사이 품질의 차이도 거의 사라지면서, 기업들은 인간의 심리를 연구하지 않는다면 살아남기 어려워졌습니다.

개인은 이런 시대 변화에 대비하고 있을까요? 자기도 모르게 심리적 함정에 빠질 수 있고 선택이 너무 많은 것을 넘어 강요까지 받을 수 있습니다. 행복이나 만족감이 증가하지 않고, 오히려 감소하는 선택의 역설(The Paradox of Choice)을 겪을 수 있습니다. 이런 때일수록 자신이 좋아하는 것을 명확히 하고 내면의 소리에 귀 기울이는 태도가 필요할지도 모릅니다.

내가 무언가를 선택하는 기준은 정말 합리적인 것일까요?

02 자발적인 문제 해결, 넛지

••••• 인간의 선택이 비합리적인 경우가 많다는 점이 드러나자, 이를 보완하고 좋은 방향으로 개선하려는 시도들이 등장하기 시작했습니다. 강제하지 않고 자율성을 존중하는 방식으로 행동을 유발하는 '넛지(Nudge)'라는 방법이 2008년 이후 등장했습니다. 넛지란 단어는 원래 '팔꿈치로 슬쩍 찌르다' '살짝 밀다'라는 뜻을 가진 영어 단어입니다. 누군가를 가볍게 건드려 주의를 환기시키거나 행동을 유도할 때 사용됩니다. 작은 변화로 더 나은 결과를 만들어내려는 접근 방식입니다.

이런 접근 방식은 기존 경제학의 접근 방식과 완전히 다릅니다. 기존의 경제학은 규제와 강제, 세금 부과 등을 통해 시장 실패와 비

넛지 방식의 문제 해결 방법 등장

효율성을 해결하려 했습니다. 시장이 모든 자원을 효율적으로 배분할 수 있다고 가정하고 인간의 심리나 행동보다는 시장의 비효율을 고치는 방식으로 경제 문제를 해결하려 했습니다. 하지만 넛지의 등장은 시장의 환경을 바꾸는 것보다 인간의 행동을 변화시키는 방식으로 문제를 해결하려는 시도였습니다.

예를 들어 담배에 세금을 부과해 흡연율을 줄이려는 방식은 기존 경제학 접근 방식입니다. 그러나 이런 방법은 사람들의 불만을 증가시키거나, 규제를 피해 불법 암시장이 생겨나는 부작용을 초래할 수 있습니다. 넛지 방식은 담배 겉표지에 경고 사진을 넣어 주의를 환기시키는 방법을 사용합니다. WHO는 시각적 경고로 흡연자의 33~53%가 금연을 시도하는 계기가 되었다고 발표했습니다.* 이처럼 넛지라는 새로운 접근법을 통해 기업과 정부는 기존 경제학으로 풀

* 「WHO Report on the Global Tobacco Epidemic 2017」, WHO

기 어려운 문제를 해결하려는 시도를 하고 있습니다.

강제와 규제는 이제 구식

현대 사회는 정보의 과잉과 선택의 폭발적 증가로 사람들이 합리적 결정을 내리기 어려운 환경이 되었습니다. 쏟아지는 정보를 다 이해하기도 어렵고, 제품의 종류가 너무 많아서 무엇이 나에게 필요한지 선택하는데 너무 많은 시간과 노력이 소비됩니다. 넛지는 정보와 선택의 과부하를 줄이고 사람들이 더 나은 선택을 할 수 있도록 돕는 데 효과적인 방식입니다. 무엇보다 강제적 규제나 금지 대신 부드럽게 행동 변화를 유도하는 방법을 제시합니다.

이런 접근 방식은 정부 정책에 대한 시민들의 반발을 줄이고 기업 입장에서는 소비자들의 거부감을 낮추고 충성도를 높이는 데 이용할 수 있습니다. 예를 들어 사람들이 기본적으로 선택하도록 설정된 옵션을 활용하는 방식이 있습니다. 연금 가입을 기본으로 만들어 복지를 증진시키고, 안전벨트를 착용하지 않을 경우 경고음이 울리도록 기본값을 설정해 교통사고 사망률을 줄이는 방법 등이 있습니다. 기본값 설정만으로도 사용자의 행동을 긍정적인 방향으로 변화시킬 수 있습니다.

또한 어떤 행동이나 결정을 내릴 때, 다른 사람들의 행동을 참고하거나 모방하려는 심리를 이용하는 사회적 증거가 있습니다. '10만 명이 이미 상품을 구매했습니다' '베스트셀러'와 같은 문구를 삽입하거나, 전문가나 연예인이 제품을 추천하기도 합니다. 많은 사람들이 이미 선택한 것을 보여주거나 권위자의 행동이나 추천을 활용해 신뢰를 강화하는 방식입니다. 인간은 불확실한 상황에서 정보 부족을 해결하기 위해 집단의 행동을 참고하는 경향이 있습니다.

하지만 넛지에는 한계도 존재합니다. 윤리적 경계를 넘는다는 우려가 제기될 수 있으며, 사람들의 심리를 이용해 특정 선택을 과도하게 유도하는 방식은 '선택의 자유'를 저해할 가능성도 있습니다. 비판적 사고 없는 집단 행동이 발생할 수도 있습니다. 또한 넛지가 모든 상황에서 동일하게 효과적인 것은 아닙니다. 개인의 가치관이나 사회적 맥락, 문화적 차이에 따라 효과가 크게 달라질 수 있으며, 모든 상황과 사람들에게 똑같이 적용되지는 않을 수도 있습니다.

금융위기를 넘어서

넛지는 2008년 글로벌금융위기 이후 주목받았습니다. 이 개념의 기초를 만든 공로를 인정 받은 리처드 세일러(Richard H. Thaler)는 2017년 노벨 경제학상을 받았습니다. 2008년 금융위기는 심리적 편향이 상황을 더욱 악화시켰습니다. 투자자들은 확증 편향에 빠져서 잘못된 결정을 내렸습니다. 많은 개인과 기업이 위험성을 과소평가해 무리하게 부동산과 고위험 금융상품에 투자했습니다.

이런 사람들의 투기 심리와 탐욕은 규제 강화만으로 억제할 수는 없습니다. 강제적 해결 방법은 반발과 비효율성을 초래할 위험이 큽니다. 결국, 사람들이 잘못된 금융 의사 결정을 줄이도록 자연스럽게 유도하는 넛지 방식이 필요해진 것입니다. 미국 금융소비자보호국(CFPB)과 같은 정부 기관은 소비자가 잘못된 선택을 하지 않도록 이해하기 쉬운 금융 정보와 상품을 만들도록 요구하기도 했습니다.

넛지를 통해 금융시장에서 리스크를 줄이고, 금융 시스템과 정부 정책에 대한 신뢰를 높이기 위해 노력하고 있습니다. 하지만 이런 시도가 금융시장과 경제 문제를 모두 해결할 수는 없습니다. 넛지는 인간의 비합리적 행동을 이해하고 이를 개선하기 위해 노력하는 새로운 시도입니다. 인간의 심리적 편향을 완전히 제거하지도 못하고, 행동 변화를 만들어도 그것이 지속되기는 어렵습니다. 그럼에도 넛지는 자발적인 행동 변화를 유도할 수 있는 효과적인 도구입니다.

소비나 투자에서 마음을 바꾼 적이 있다면,
그 원인은 무엇일까요?

03 이익을 10배로 올리는 마케팅

••••• 경제학에서는 자원의 효율적 배분, 소비자 행동의 이해, 시장의 분석 등을 연구합니다. 이를 통해 경제의 큰 흐름을 예측할 수 있지만 실제 경제활동에서 마케팅으로도 활용할 수 있습니다. 시장을 분석해 공급과 수요가 적절히 조화를 이룰 수 있게 만들고 소비와 생산을 연결하며, 기업과 개인의 자원을 효율적으로 활용할 수 있도록 할 수 있습니다. 경제 이론을 실제로 실행해 이익을 내는 것을 넘어 시장의 효율성을 끌어올릴 수 있습니다.

마케팅이 중요해지기 시작한 시점은 산업혁명 이후로, 대량 생산과 물류의 발달은 기업들이 보다 많은 소비자에게 도달할 수 있는 기반을 제공했습니다. 기업은 더 많은 소비자와 만날 기회가 생기면서 소비자와의 소통이 중요해지기 시작했습니다. 그리고 생산 능력이 급격히 증가하면서, 단순히 상품만 만들어서는 살아남을 수 없게 되었습니다. 상품의 기능과 가치를 전달하고, 소비자의 관심을 끌기 위한 방법이 필요해지기 시작했습니다.

특히 1930년대 대공황 이후, 기업들은 과잉 생산 문제를 해결하기 위해 소비자의 욕구를 분석하고 판매 전략을 강화하기 시작했습니다. 마케팅은 소비자의 수요를 정확히 이해하고 만족시키는 것에 노력했습니다. 최근에는 디지털 기술의 발달로 생산자(producer)와 소비자(consumer)의 경계가 허물어지면서, 소비자인 동시에 생산자 역할도 수행하는 '프로슈머(prosumer)'도 등장하고 있습니다. 이제는 생산자 역할을 하는 개인들도 마케팅을 적극 활용해야 하는 시대가 된 것입니다.

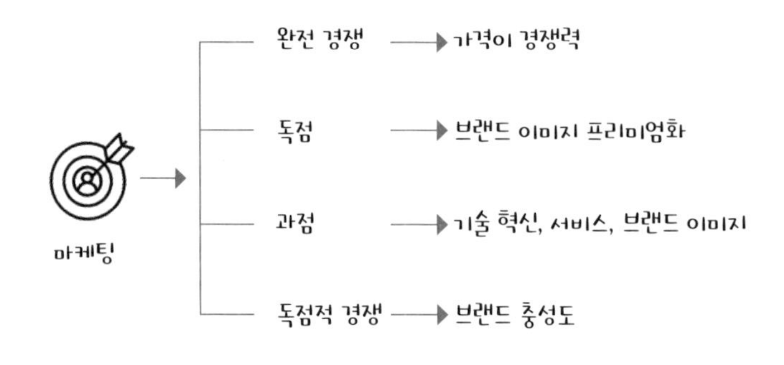

시장에 따른 마케팅 전략

다양한 시장과 마케팅

경제에는 서로 다른 종류의 시장이 존재합니다. 시장 구조는 완전 경쟁, 독점, 과점, 독점적 경쟁 유형으로 나눌 수 있습니다. 완전 경쟁 시장에서는 수많은 공급자와 소비자가 존재하며, 상품이 표준화되어 진입 장벽이 없습니다. 이러한 시장에서는 개별 기업이 가격을 통제할 수 없으니 단순히 가격이 경쟁력입니다. 마케팅보다 생산 효율성을 높이고 유통 비용을 절감하는 등의 노력이 필요합니다. 농산물, 원자재, 에너지, 단순 노동 등은 소비자가 품질이 동일하다고 생각하기 때문에 가격 경쟁 전략이 주요하게 작용합니다.

반면 독점은 단 하나의 기업이 시장을 지배하며, 대체 상품이 없는 시장입니다. 이 구조에서는 기업이 가격을 결정할 수 있고 생산량도 조정할 수 있습니다. 예를 들어 담배, 전력, 수도, 철도 등의 사업이 독점 시장입니다. 독점 시장에서는 기업이 고객과 신뢰 관계를 강화하고 독점적 위치를 유지하는 데 중점을 둡니다.

과점 시장은 소수의 대기업이 시장을 지배하는 구조로, 경쟁이 치열한 시장입니다. 과점 시장은 상품이 비슷하지만 차별화됩니다. 자동차 시장이 대표적인 예입니다. 성능은 비슷하지만 브랜드와 서비스, 디자인 등의 요소를 통해 차별화를 만들어 우위를 확보하려 합니다. 가격 경쟁보다는 제품 품질과 기술 혁신, 고객 서비스, 브랜드 인지도와 같은 비가격 요소에서 경쟁력을 확보하려고 노력하기도 합니다. 항공 산업, 금융 서비스, 제약 산업, 가전제품 그리고 음료 산업 등이 과점 시장에 속합니다.

독점적 경쟁 시장은 다수의 기업이 존재하지만 각 기업이 차별화된 상품을 제공하는 시장입니다. 의류, 식당, 커피숍, 교육 서비스 시장 등이 대표적입니다. 독점적 경쟁 시장은 진입 장벽이 비교적 낮아 개인들도 쉽게 뛰어드는 시장입니다. 상품의 차별화를 통해 경쟁이 이루어지는 구조로, 마케팅이 가장 중요한 역할을 합니다. 상품이 비슷해 보이더라도 소비자는 브랜드의 이미지와 가치를 기준으로 선택합니다. 브랜드 충성도를 높이기 위해 특별한 스토리와 마케팅 전략을 활용하기도 합니다.

개인도 마케팅을 배워야 하는 시대

과거 마케팅은 기업의 영역이었지만, 지금은 자신의 가치를 전하려는 개인에게도 마케팅이 중요한 시대입니다. TV, 라디오, 잡지, 전광판 등 매체 광고에는 돈이 많이 들어서 큰 기업만 마케팅 활동이 가능했습니다. 하지만 지금은 유튜브나 인스타그램 등을 이용해 거의 무료로 마케팅을 활용할 수 있게 되었습니다. 개인도 마케팅을 할 수 있게 된 것입니다.

소비자에게 적극적으로 다가갔던 게 과거의 마케팅이라면, 지금은 사용자와 서비스 제공자를 연결하는 디지털 공간인 플랫폼에 소비자들이 이미 모여 있습니다. 각 플랫폼은 사용자의 관심사에 맞춰 영상과 사진, 글을 자동으로 보여주는 알고리즘을 가지고 있습니다. 즉 사람들이 이미 모여 있고 무엇에 관심이 있는지 분석이 끝난 상태입니다. 그래서 최근에는 이런 환경을 적극 활용하는 개인들이 각 분야에서 새롭게 떠오르고 있습니다.

지금은 대량 생산 시대를 지나 소비자 개인의 수요와 기호를 충족시키는 맞춤형 제품과 서비스의 시대로 변화하고 있습니다. 산업화 시대의 대기업은 대량 생산을 통해 비용을 절감하는 규모의 경제로 성장했습니다. 대규모 고용 창출로 이어졌으며, 회사는 한 번 뽑은 직원을 책임졌습니다. 하지만 지금은 산업화 시대가 저물어가면서 개인이 자신의 전문성과 가치를 스스로 증명해야 합니다. 마케팅을 배워 자신만의 길을 개척해야 하는 시대입니다.

마케팅 관련 책이나 영상을 보신 적이 있나요?

04 소비에서 경험으로

••••• 소비를 하면 기분 좋은 만족감이 들지만 오래 지속되지는 않습니다. 사실 소비를 통해 얻는 만족감은 시간이 지나면서 줄어들고, 같은 제품을 계속 소비해도 만족감은 크게 증가하지 않습니다. 경제학에서는 이를 한계 효용 체감의 법칙(The Law of Diminishing Marginal Utility)으로 설명합니다. '효용'이란 소비자가 추가로 소비함으로써 얻게 되는 만족감을 뜻하며, 그 만족감에는 '한계'가 있어 계속 소비해도 만족감이 더 이상 올라가지 않습니다.

소비를 할수록 소비자에게 전달되는 만족감이 줄어드는 '체감'이 발생합니다. 예를 들어 배고플 때 먹는 첫 번째 피자 조각은 굉장히 맛있지요. 하지만 두 번째, 세 번째 먹는 피자의 맛은 첫 번째 피자 조각에 비해 만족감이 하락합니다. 분명히 같은 피자인데도 맛이 덜합니다. 심리적인 부분도 비슷합니다. 최신 스마트폰을 처음 구매했을 때는 굉장히 만족스럽습니다. 하지만 시간이 지나 새로운 스마트폰이 나오면 기존 제품에 대한 만족감은 점점 감소합니다.

이러한 현상 때문에 소비자는 지속적으로 새로운 자극과 경험을 찾게 됩니다. 어떤 제품이 갑자기 유행하다가 사라지는 경우가 종종 발생하는 이유도 여기에 있습니다. 소비자는 동일한 상품에서 반복적으로 얻는 만족감이 줄어들기에 다른 흥미로운 곳으로 관심을 돌립니다. 그래서 기업들은 끊임없이 새로운 기능과 디자인 혹은 이야기를 추가해 소비자를 붙들기 위해 노력합니다. 더 나아가 소비자에게 만족감(효용)을 넘어서 특별한 경험과 가치를 전달하려 합니다.

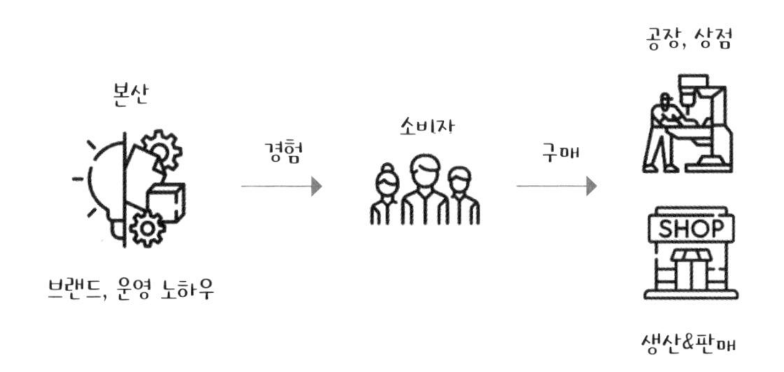

경험을 파는 세상

제품이 아닌 경험을 파는 세상

같은 상품을 반복적으로 소비할수록 만족감은 줄어들고 새로운 기능, 기술, 디자인은 내일이면 흘러간 것이 됩니다. 이런 위기를 극복하기 위해 기업은 상품 자체보다는 소비자가 상품과 함께 특별한 가치를 경험할 수 있도록 만들고 있습니다. 대표적으로 스타벅스가 파는 것은 커피지만, 스타벅스 음료를 손에 들고 다니는 모습은 세련되고 도시적인 경험을 제공합니다. 나이키 역시 신발을 파는 동시에 'Just Do It'이라는 도전과 성취의 경험을 함께 판매합니다.

또한 애플은 아이폰과 함께 'Think Different'라는 창의성의 경험을, 디즈니랜드 놀이공원은 꿈과 환상이라는 경험을 판매합니다. 명품 브랜드는 사회적 지위와 성공이라는 경험을 판매합니다. 심지어 집에서 사용하는 컴퓨터의 디자인을 멋진 부품으로 조립하는 사람들도 늘어나고 있습니다. 이는 컴퓨터를 단순한 생산 도구가 아니라, 자신의 개성을 표현하는 경험으로 인식하는 것입니다.

경제학자 조지프 파인(Joseph Pine)은 그의 책 『경험 경제(The Experience Economy)』에서 현대 경제가 단순히 상품과 서비스를 넘어서 경험을 중심으로 발전하고 있다고 주장했습니다. 경제의 중심축이 물리적 상품에서 소비자 경험으로 이동하면서, 소비자와 기업 간의 관계가 새롭게 형성되고 있습니다. 이에 따라 무형 자산인 브랜드 이미지와 고객 데이터, 상호와 상표, 기업 문화 등의 가치가 더욱 중요해지는 시대로 진입한 것입니다.

흥미로운 점은 기업들이 생산마저 노동력이 저렴한 기업이나 개인에게 외주로 맡기고 있다는 것입니다. 대표적으로 유튜브는 자체적으로 영상을 만들지 않습니다. 콘텐츠를 제작하는 건 참여자들입니다. 애플 역시 외주 업체에 아이폰 제조를 맡기고 있으며, 나이키 또한 모든 제품을 외주로 생산하고 있습니다. 넷플릭스도 영상 제작을 외주에 맡기고 있습니다. 프랜차이즈 사업 역시 직접 음식을 요리해 판매하는 게 아니라, 브랜드 사용 권리를 각 매장에 판매하는 방식으로 운영됩니다.

개인도 경험을 판매할 수 있을까?

그렇다면 사업의 실질 소유자는 누군지 생각해봐야 합니다. 아이폰을 조립하는 중국 공장과 미국의 애플 본사, 프랜차이즈 식당을 운영하는 가게 주인과 프랜차이즈 본사, 나이키 신발을 만드는 동남아 공장과 나이키 본사 중에서 누가 사업을 소유하고 있을까요? 진정한 주인은 유형 자산을 소유한 주체가 아니라 노하우와 개념, 아이디어, 운영 방법 등 무형 자산을 보유한 기업입니다.

개인 역시 기업과 비슷하게 경험과 무형 자산을 판매해야 합니다.

어렵게 느껴질 수 있지만, 개인도 노하우, 개념, 경험 등을 충분히 판매할 수 있습니다. 전자기기를 사용한 후기와 사용 방법을 알려주기도 하고 화장품을 설명하면서 사용법을 소개하거나, 청소를 효과적으로 하는 방법을 알려주거나, 다이어트에 도움이 되는 음식을 추천하는 등 다양한 분야에서 활용될 수 있습니다. 내가 가진 경험과 노하우를 충분히 공유할 수 있는 것입니다. 실제로 우리는 SNS에서 다른 사람의 다양한 노하우를 소비합니다.

우리의 소비 방식도 점점 경험 중심으로 변화하고 있습니다. 앞으로도 건물, 땅, 주택, 자동차 등 유형 자산은 여전히 중요할 것입니다. 하지만 그 중요성은 점점 감소할 것입니다. 자본주의의 흐름이 인간의 경험과 아이디어를 상품화하는 방향으로 이동하고 있습니다. 앞으로의 부는 물적 자본에서 나오는 것이 아니라 인간의 경험과 상상력 그리고 전달 능력 등에서 창출될 것입니다.

어떤 경험을 가지고 있고, 그 경험을 다른 사람과 공유해 보신 적이 있나요?

주식 투자와 도박의 미묘한 차이

••••• 주식과 도박은 심리적으로 유사한 패턴을 보이지만 본질적으로는 다릅니다. 주식은 분석과 전략, 철학 등이 필요하지만 도박은 순전히 운에 의해 좌우됩니다. 하지만 사람들은 이 둘을 종종 혼동합니다. 실제로 주식 투자자와 도박사는 불확실한 결과를 기다리기에 비슷하게 느껴질 수 있습니다. 그래서 많은 사람들이 주식시장에서 도박과 같은 심리적 함정에 빠집니다. 경제학적 관점에서 주식과 도박의 함정을 분석해 보면, 어떻게 극복할 수 있는지 해답을 찾을 수 있습니다.

도박사의 오류(Gambler's Fallacy)는 과거의 사건이 미래 확률에 영향을 미친다고 믿는 잘못된 신념을 의미합니다. 예를 들어 주식이 며칠 연속 하락한 경우, 투자자들은 이제는 반등할 차례라고 생각해 매수에 나서기도 합니다. 반대로 주식이 며칠 연속 상승한 경우 투자자들은 이제 곧 하락할 것으로 생각해 매도하는 경우가 발생합니다. 사실 과거의 추세는 미래와 전혀 상관이 없지만, 과거 움직임이 미래의 방향성을 결정한다고 착각하는 경향이 있습니다.

사실 주식시장은 수많은 변수와 불확실성이 난무하는 환경입니다. 시장의 움직임을 예측하는 것은 거의 불가능에 가깝습니다. 하지만 인간은 무작위 데이터에서도 의미를 찾으려는 경향이 있습니다. 우연히 발생한 사건임에도 불구하고 어떤 의미와 인과관계를 찾으려는 클러스터링 착각(Clustering Illusion)에 빠집니다. 이러한 착각은 통계적 근거 없이 단기적인 수익을 추구하는 행동으로 이어지고, 결국 손실을 초래하고 맙니다.

초심자의 행운이 불행으로

주식이나 도박을 처음 시작할 때 예상치 못한 성공을 경험하면 '나는 운이 좋다' 혹은 '나는 투자에 재능이 있다'라는 자신감을 얻게 됩니다. '초심자의 행운(Beginner's Luck)'이라는 함정에 빠지는 것입니다. 이때 자신의 능력이나 판단력, 지식 등을 실제보다 더 높게 평가하는 과신 편향(Overconfidence Bias)도 갖게 됩니다. 도박에서

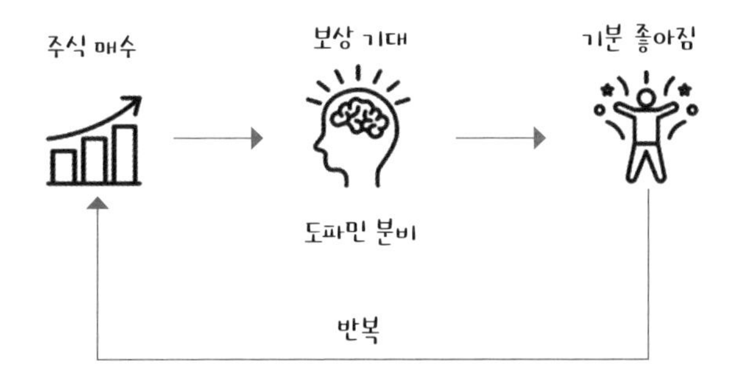

계속 주식을 매수하고 싶은 이유

는 더 큰 판돈을 걸고, 주식에서는 변동성이 큰 종목에 투자하며 시장의 위험을 과소평가하게 만듭니다.

초심자는 주로 주식이 상승하고 있을 때 주변의 권유나 뉴스를 보고 시장에 진입합니다. 시장에 투자금이 계속 유입되는 만큼 주가는 상승하는 시기입니다. 초반에 얻은 수익은 시장이 활황이었기 때문인데도 자신이 탁월한 투자자라고 착각하기 쉽습니다. 주변에서 충고와 경고를 하면 자신을 무시한다고 느끼며, 객관적인 정보와 전문가들의 의견을 외면하게 됩니다. 더 큰돈을 벌어 자신의 판단이 옳았다는 것을 증명하려는 태도를 보이기도 합니다.

이제부터는 논리적 사고를 기반으로 한 투자가 아니라, 감정에 휘둘리는 투기가 됩니다. 기업 분석이나 장기적 전략 없이 즉흥적으로 주식을 사고 팔면서 주식 투자와 도박의 경계가 무너집니다. 그리고 주가 상승과 하락에 과잉 반응하면서 단기적인 이익에 집착합니다.

급격한 주가 상승이 있으면 '지금이 기회다'라는 충동으로 매수하고, 급격한 하락이 발생하면 '더 큰 손실을 막자'라는 공포심에 매도합니다. 결국 전략이나 계획 없이 시장에 휘둘리게 됩니다.

이러한 심리적 함정을 극복하기 위해, 투자의 대가들은 '투자 원칙'의 중요성을 강조합니다. 투자 원칙은 행동의 일관성을 유지하고, 혼란스러운 시장 상황에서도 명확한 기준을 제공하는 역할을 합니다. '하루에 한 번만 주식을 매매한다' '주식 시세는 하루 두 번만 확인한다' '주식은 최소 3년 이상 보유한다' '현금 비중을 최소 30%로 유지한다' 등 자신만의 원칙을 세우고 이를 지키는 것이 중요합니다. 좋은 투자 원칙들은 인터넷과 책에 널리 알려져 있지만, 실제로 이를 지키는 투자자는 많지 않습니다.

주식 도파민의 노예

도파민은 뇌의 보상 시스템에서 작용하는 신경전달물질입니다. 도파민이 분비될 때 인간은 만족감이나 흥분 또는 성취감을 느낍니다. 시험에서 좋은 성적을 받을 때나 맛있는 음식을 먹을 때 도파민이 활성화됩니다. 도파민은 우리의 기분을 좋게 하면서 특정 행동을 반복하도록 유도합니다. 주식과 도박에서 금전적 보상을 얻는 순간에도 도파민이 분비됩니다. 그리고 이러한 긍정적인 감정을 다시 경험하기 위해 주식과 도박을 반복하게 됩니다.

문제는 보상을 기대하는 순간이나 보상을 받을 가능성만으로도 도파민이 분비된다는 점입니다. 이는 맛있는 음식을 기다릴 때나 선물을 열어보기 전의 설렘과 비슷합니다. 도박에서는 결과를 기다리는 동안, 주식에서는 매수를 결정하는 순간 보상을 기대하게 됩니다. 이때 우리의 뇌에서는 도파민이 분비되어 기분이 좋아집니다. 주식을 매수하는 행위 자체만으로도 기분이 좋아지기 때문에, 계획을 넘어선 충동적인 주식 거래를 하게 될 가능성이 높아지는 것입니다.

그 결과 주식 매매에 중독되는 이들이 생깁니다. 도파민의 영향으로 자신을 통제하지 못하는 상태가 되는 것입니다. 분명히 주식 투자를 하고 있음에도 도박에 중독된 사람과 유사한 행동 패턴을 보이게 됩니다. 이를 극복하기 위해서는 수익을 보상으로 생각하는 것이 아니라 시장의 흐름과 기업 분석을 배우면서 얻는 지식과 경험을 보상으로 삼아야 합니다. 또한 단기적인 성과에 집착하지 않고, 배당과 같은 안정적인 수익을 목표로 삼는 것도 해결 방법입니다.

주식을 사고파는 과정에서 기쁨, 슬픔, 공포, 탐욕을 느껴 보신 적이 있나요?

06 모두가 본전과 수익 생각

••••• '본전만 뽑으면 그만한다'라는 말은 도박꾼도, 투자자도 자주 합니다. 손실을 만회한 후 만족스럽게 마음을 내려놓겠다는 심리입니다. 그러나 실제로는 본전을 회복하기는커녕 더 큰 손실을 보고 좌절에 빠지는 경우가 많습니다. '지금 멈추면 모든 노력이 물거품이 된다'라고 생각하며 떠나지 못하고 손실을 더욱 키우게 됩니다. 왜 사람들은 손실을 회복하지 못하고, 오히려 감정의 함정에 빠지는 것일까요? 이러한 심리를 극복할 방법을 고민해야 합니다.

사람들은 종종 잘못된 결정을 인정하기 싫은 후회 회피(Regret Aversion)에 빠집니다. 손실이 확정되는 순간 자신이 틀렸다는 후회를 느끼게 됩니다. 이 후회라는 감정이 주는 고통을 피하려고 손실과 현실을 계속 외면하다가 결국 더 큰 손실을 보게 됩니다. 때로는 고통을 피하고자 현상 유지를 선택하기도 합니다. 아무것도 하지 않으면 잘못된 결과를 피할 수 있다고 착각에 빠집니다. 이처럼 사람들은 결과의 좋고 나쁨보다 후회라는 감정을 회피하는 데 집중하면서 올바른 결정을 내리지 못합니다.

손실을 줄이기 위해서는 일정 수준의 손실에 도달하면 투자 자산을 매도하여 더 큰 손실을 방지하는 손절매를 해야 합니다. 손절매는 예상치 못한 시장 변동으로부터 자산을 보호하고, 자금을 회수하여 새로운 투자 기회를 찾을 수 있도록 합니다. 하지만 이러한 심리적 함정에서 벗어나려면 감정을 통제해야 하는데, 이는 말처럼 쉽지 않습니다. 어쩌면 투자 지식을 배우는 것보다, 자신의 감정을 다스리는 법을 배우는 것이 더 중요한 일입니다.

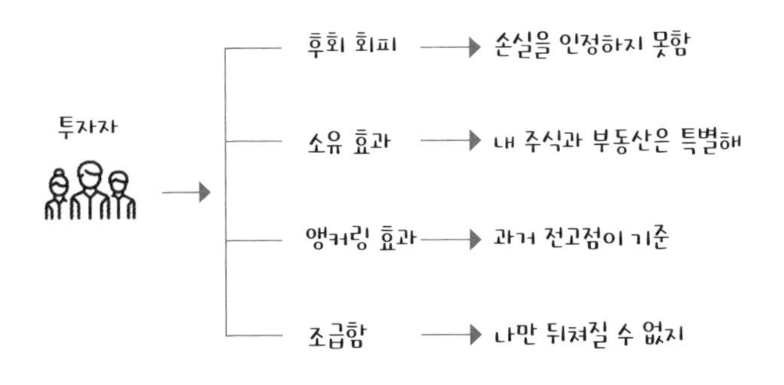

투자자들이 함정에 빠지는 원인들

비싸게 팔고 싶은 심리

투자를 하다 보면 내가 보유한 주식이나 부동산에 강한 애착이 생깁니다. '내가 투자한 회사는 빠르게 성장할 것이다' '내가 보유한 부동산은 저평가되어 있다' '내가 오랫동안 보유했으니 보상을 받아야 한다' 등 특별한 의미를 부여하게 됩니다. 경제학에서는 이를 소유 효과(Endowment Effect)라고 합니다. 소유하지 않은 물건보다 소유한 물건의 가치를 더 높게 평가하는 심리를 의미합니다. 즉 내가 소유했기 때문에 특별하다는 심리적 함정에 빠지는 것입니다.

기업들은 이러한 소유 효과를 적극적으로 이용합니다. 무료 체험, 샘플 제공 등의 전략을 통해 소비자들에게 제품을 소유했다는 느낌을 주어 구매 가능성을 높입니다. 심지어 '먼저 써보고 반품하세요' '1달 무료 체험'과 같이 먼저 소유할 기회를 제공하기도 합니다. 소비자는 특정한 의미를 부여하면 물건을 반품하는 것이 손실로 다가오고, 시간과 노력을 낭비한 것처럼 여겨집니다. 기업은 이러한 심리를 적절히 활용하여 제품을 판매합니다.

문제는 이러한 심리적 함정이 소비뿐만 아니라 투자에도 영향을 미친다는 점입니다. 투자자는 자신이 보유한 기업이나 부동산에 특별한 의미를 부여하고, 자산의 가치를 시장 가격보다 훨씬 더 높게 평가하여 비싸게 팔려는 심리를 갖게 됩니다. 결국, 경제 상황이나 객관적인 정보를 무시하고 비합리적인 결정을 내리게 됩니다. 전문가의 조언이나 주변의 만류에도 불구하고 잘못된 선택을 하게 되고, 결국 기회를 놓치고 손실을 입게 됩니다.

또한 투자자는 초기 정보나 특정 숫자를 기준점으로 삼아 이후 판단에 큰 영향을 받는 앵커링 효과(Anchoring Effect)에 빠지기도 합니다. 예를 들어, 투자자들은 전고점을 기준점으로 설정하거나, 자신이 매수한 가격을 기준으로 삼아 자산의 가치를 평가합니다. '다시 전고점을 회복할 거야' '내가 산 가격으로 돌아오겠지' 같은 심리가 작용합니다. 이는 현재의 객관적인 정보를 바탕으로 평가하기보다, 과거의 기준을 가지고 비합리적인 결정을 내리게 만듭니다.

조급함을 버리자

비합리적인 결정을 내리는 이유는 마음속에 조급함 때문입니다. 주변 사람들이 성공적으로 투자하거나 좋은 결과를 얻었다는 소식을 접하면 자신만 뒤처지고 있다는 느낌을 받습니다. 빠르게 따라잡고 싶은 욕구로 인해 조급함이 커집니다. 모두가 특정 기업이나 투자 대상에 몰릴 때 자신도 따라가야 한다는 압박감을 느낍니다. 다수의 선택을 따르지 않으면 불안감을 느끼는 인간의 심리적 특성이 조급함을 더욱 자극합니다.

우리는 투자 기술, 방법, 정보를 열심히 찾아다닙니다. 이미 세상에는 투자 정보가 넘쳐납니다. 하지만 더 나은 정보를 찾아 헤맨다고 해서 반드시 결과가 좋은 건 아닙니다. 그렇다면 실패의 원인은 정보나 기술 부족이 아니라 다른 곳에 있을 가능성이 높습니다. 실제로 사람들은 심리적 요인에 휘둘려 조급함 때문에 무너지는데, 이를 절제하는 방법에 대해 깊이 생각하지 않는 경우가 많습니다.

투자 공부를 열심히 하는 사람들에게 진정 필요한 것은 기술과 정보가 아니라, 시간과 인내일지도 모릅니다. 실제로 많은 투자 대가들이 시간과 인내의 중요성을 강조합니다. 워런 버핏은 "주식시장은 인내심 없는 사람의 돈이 인내심 있는 사람에게 흘러가는 곳이다." "10년 동안 보유할 생각이 없는 주식이라면 단 10분도 보유하지 마라." 같은 명언을 남겼습니다. 문제는 모두가 이러한 원칙을 이해하고 있지만, 실천하기가 어렵다는 점입니다.

감정을 컨트롤할 수 있는 자신만의 훈련을 해보셨나요?

07 정말 나만 빼고 다 부자일까?

••••• 스마트폰을 보고 있으면 나만 빼고 다들 부자인 것 같은 생각이 들 때가 있습니다. 화려한 SNS 게시물, 고급 레스토랑에서의 식사나 해외여행 사진, 비싼 자동차와 명품 가방 등 모든 사람이 풍요로운 삶을 사는 것처럼 보입니다. '이런 사진과 영상을 볼 때마다 내가 잘하고 있는 걸까?' 하는 생각이 들면서 허탈한 감정을 느낄 때가 있습니다. 자신보다 더 부유하거나 성공한 사람들과 비교하면서 상대적 박탈감(relative deprivation)에 빠집니다.

절대적인 생활 수준이 높더라도 다른 사람과 비교하면 박탈감을 느낄 수 있습니다. 사실 비교는 인간의 본능에 가깝습니다. 인간은 집단 속에서 생존하는 사회적 동물입니다. 다른 사람의 지위와 자신의 위치를 비교하며, 사회적 위계를 파악하는 능력은 살아가는 데 필수적인 요소입니다. 과거에는 가까운 주변 사람들과 비교하는 것이 일반적이었지만, 이제는 전 세계 사람들과 비교하는 시대가 되었다는 차이점이 있을 것입니다.

디지털 기술과 SNS의 발달은 상대적 박탈감을 더욱 극대화하고 있습니다. SNS는 다른 사람들의 화려한 모습만을 집중적으로 보여주며, 실제보다 더 성공적이고 행복한 모습을 부각합니다. 심지어 그 모습은 허위이거나 조작된 경우도 적지 않습니다. 또한 과도한 경쟁 사회는 상대적 박탈감을 더욱 증가시킵니다. 학업과 취업, 주거 등 모든 영역에서 경쟁과 비교가 이루어지면서 사람들은 자신의 성과가 타인에 의해 평가받고 있다고 느끼면서 '나만 빼고 다 잘 살고 있다'라는 생각이 들게 됩니다.

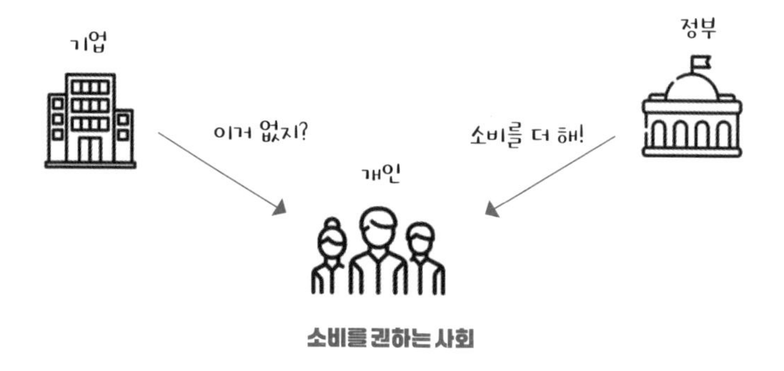

소비를 권하는 사회

'소비 만능' 시대

'나만 빼고 다 잘살고 있다'라는 생각이 들면서, 뒤처지고 있다는 두려움을 일시적으로 해소할 방법이 있습니다. 바로 '소비'입니다. 친구가 좋은 차를 타는 SNS 게시물을 보고, 나도 좋은 차를 구매하면 상대적 박탈감이 일시적으로 해결될 수 있습니다. 뒤처지고 있다는 두려움에서 잠시 벗어날 수 있습니다. 하지만 소비를 통해 문제를 해결할수록 더 많은 소비가 필요하게 됩니다. 소비를 통해 얻은 인정은 소비가 사라지면 함께 잃기 때문입니다.

기업들은 이런 심리를 적극적으로 이용합니다. 사람들에게 '아직도 부족하다'라는 메시지를 끊임없이 전달합니다. 최신 트렌드, 한정판 제품, 새로운 기술 등을 소비자가 소유하지 못한 것에 대한 불만족을 조성합니다. 그러면서 이러한 불만족은 소비를 통해 해결할 수 있다는 메시지를 전달하고, 사람들은 일시적인 만족을 얻기 위해 반복적으로 소비를 이어갑니다. 기업들은 개인의 욕망과 결핍을 자극하며 이를 적극 활용하고 있습니다.

사실 기업뿐만 아니라 정부도 국민에게 소비를 적극 장려합니다. 소비는 GDP의 핵심 요소이며 경제 성과를 평가하는 주요 지표 중 하나이기 때문입니다. 정부 고위 관료와 정치인들은 자신의 업적을 부각하기 위해 세금을 감면하고 소비 쿠폰을 뿌리며 이자도 지원하는 한편 공휴일을 지정하는 등 다양한 정책을 활용하여 소비를 촉진합니다. 승진과 선거를 앞둔 관료와 정치인은 더욱 적극적으로 소비를 지원하는 경향이 있습니다. 정부는 경제 성장과 회복을 중시하기에 소비가 감소하면 신속하게 대책을 수립하기도 합니다.

결국 현대 사회에서는 기업과 정부가 개인에게 소비를 적극 권합니다. 이러한 환경 속에서 우리는 소비를 통해 무엇을 얻고자 하는지 스스로에게 물어야 합니다. 더 많은 것을 소유하려는 이유가 단순히 다른 사람과의 비교 때문인지, 아니면 욕망을 채우기 위해 밑 빠진 독에 물을 붓고 있는지 고민해야 합니다. 소비는 우리가 어떻게 살아가고, 어떤 선택을 했는지에 대한 기록입니다. 그리고 그 기록이 쌓여 우리의 삶의 가치와 방향성을 결정하게 되기 때문입니다.

소비하고 후회하는 이유

18세기 프랑스의 철학자 드니 디드로(Denis Diderot)는 친구에게 값비싼 비단 가운을 선물 받았습니다. 그러나 그는 가운이 낡은 가구와 어울리지 않는다고 느껴, 가구들을 더 고급스러운 제품으로 교체하기 시작했습니다. 결국 원래 계획에 없던 불필요한 소비를 하게 되었고, 그는 선물 받은 가운의 노예가 되어 버렸다며 후회했습니다. 이 일화를 계기로, 하나의 소비가 연쇄적으로 추가 소비를 유발하는 현상을 디드로 효과(Diderot Effect)라고 부르게 되었습니다.

디드로 효과는 우리의 소비 패턴과도 유사합니다. 예를 들어 새로운 스마트폰을 구매한 사람은 최신형 무선 이어폰과 고급스러운 케이스까지 추가로 구매해야 만족스러워합니다. 기업들은 이러한 심리를 활용하여 '이 제품을 샀다면, 다른 제품도 필요할 거예요!'라는 마케팅을 펼칩니다. 필요에 의한 이성적 소비가 아니라, 조화를 맞추기 위한 감정적 소비가 이어지는 것입니다. 결국 시간이 지나면 '내가 왜 이걸, 이런 가격을 주고 샀지?'라는 후회를 하게 됩니다.

현대 사회에서 소비는 단순한 물건 구매를 넘어 개인의 정체성을 표현하고 삶의 결핍을 채우는 심리적 행위로 자리 잡았습니다. 개인의 불만족과 결핍을 자극하고 이를 소비로 해결하도록 하는 사회적 구조는 경제를 움직이는 원동력이기도 하지만 동시에 개인의 심리적 부담을 증가시키고 있습니다. 하지만 많은 사회 과학자들은 진정한 행복은 소비가 아니라 사회적 관계, 경험, 의미 있는 활동 등에서 비롯된다고 조언합니다.

소비가 채우지 못한 부족함을, 다른 무언가로 채워보면 어떨까요?

08 새로운 노동의 시대

•••••　15세기 유럽에서는 양털을 가공하여 의류, 직물, 기타 섬유 제품을 생산하는 양모 산업이 성장했습니다. 양모는 중세부터 귀족과 부유층의 의류 제작에 널리 사용되었기 때문에 수요가 꾸준했습니다. 양모 생산은 농업보다 적은 인력으로도 운영이 가능한 까닭에 경제적 가치가 뛰어났습니다. 다만 양 사육은 곡물 경작보다 넓은 토지를 필요로 했습니다. 당시 지주들은 공동으로 사용하는 땅인 공유지를 목초지로 전환하기 위해 울타리를 설치하고, 농민들의 접근을 제한하기 시작했습니다.

이러한 현상을 '인클로저 운동(Enclosure Movement)'이라고 합니다. 영국을 비롯한 유럽 전역에서 농경지가 목축지로 바뀌면서 농업

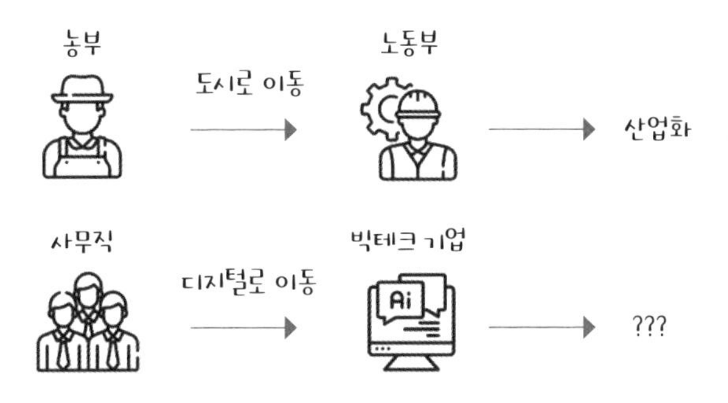

노동의 이동에 따른 변화

부문에서 노동력이 남아돌게 되었고, 많은 농민들이 실업 상태에 놓이게 되었습니다. 그래서 이들은 생계를 위해 도시로 이동했습니다. 농민들은 도시에서 공장, 상업, 운송 등의 분야에서 새로운 일자리를 찾으며 도시 노동자로 변모했습니다. 도시가 성장하고 인구가 증가하면서 산업혁명에 필요한 노동력의 기반이 되었습니다.*

인클로저 운동은 도시로의 인구 이동을 가속화하며 도시를 새로운 경제적 중심지로 만들었습니다. 도시에 노동자 계층, 상인 계층, 자본가 계층이라는 새로운 사회 구조가 생겼고 현대 사회까지 영향을 미치고 있습니다. 또한 공유지는 단순한 농경지가 아니라 농민들의 생계를 보장하고 협력과 공동체의 중심 역할을 하던 공간이었습니다. 그러나 인클로저 운동으로 인해 공유지가 사라지면서 공동체

---

* 제러미 리프킨, 『노동의 종말』(1995)

는 해체되었고, 개인주의와 무한 경쟁 체제가 자리 잡았습니다.

새로운 인클로저 운동

물론 인클로저 운동이 행복한 결말은 아니었습니다. 이 운동은 경제적 효율성을 많이 증가시켰지만 심각한 사회적 불평등을 초래했습니다. 농민들은 생계를 잃고 도시로 몰려들었고, 토지를 소유한 지주 계층이 부를 독점하게 되었습니다. 도시로 이동한 농민들 대부분은 열악한 환경 속에서 저임금의 비숙련 노동자가 되거나, 실업 상태에 놓였습니다. 당시에는 실업 급여나 복지 제도가 존재하지 않았기 때문에 농민들은 단순히 생계를 잃는 것이 아니라 빈곤의 악순환에 빠졌습니다.

이러한 인클로저 운동과 유사한 현상이 현대 사회에서도 나타나고 있습니다. 물리적 노동 환경이 디지털 공간으로 옮겨가고 있는 지금, AI의 발전으로 단순 반복 작업이 빠르게 대체되고 있습니다. 또한 인클로저 운동 당시 토지라는 자원이 소수의 지주에게 집중되었던 것처럼, 현대 사회에서는 기술과 데이터라는 자원이 대형 플랫폼 기업에 집중되고 있습니다. 이러한 변화는 새로운 기회를 창출하는 동시에 고용 안정성을 위협하고 있습니다.

원격 근무, 프리랜서, 플랫폼 노동 등은 새로운 기회와 추가적인 수익 창출을 가능하게 하고 있지만 동시에 고용 안정성과 사회적 안전망이 부족하다는 문제도 함께 드러내고 있습니다. 빅테크 기업들은 글로벌 경제를 주도하며 기술 혁신을 이끌고 있는 한편 그 과정에서 부의 집중과 불평등 또한 심화하고 있습니다. 과거 농민들이 토지 소유 구조에서 배제되었던 것과 유사하게 디지털 경제에서도 소외되는 계층이 생겨나고 있습니다.

이러한 노동의 변화는 사회적 관계와 개인의 생활 방식에도 영향을 미칠 것입니다. 인클로저 운동이 농촌 공동체를 해체했다면 오늘날 디지털화는 노동자들을 더욱 개별화하고 있습니다. 물론 기술의 발전은 새로운 협력의 가능성을 열어주고 있습니다. 온라인 커뮤니티와 협업이라는 새로운 형태의 인간관계가 생겨나고, 과거와는 다른 방식으로 연대와 공존 여지도 제시합니다. 이런 노동의 변화는 새로운 인간관계와 생활 방식을 만들어낼 것입니다.

새로운 노동과 교육의 시대

과거 산업화가 시작되면서 대규모 공장이 세워졌고, 하루종일 공장에서 일하는 부모가 생겼습니다. 그 결과 아이들은 방치되거나 비공식적인 노동에 동원되는 경우가 많았습니다. 이에 따라 아동 노동을 규제하는 법이 도입되었습니다. 아이들은 공장에서 일하는 대신

학교에 가기 시작했습니다. 그리고 학교는 단순히 아이들을 보호하는 역할을 넘어 효율적이고 규율 있는 노동자를 양성하는 데 초점을 맞추었습니다.

학생들은 정해진 시간에 등교하고 교실에서 규칙적인 수업을 받으며, 순응과 복종의 태도를 익혔습니다. 이는 공장에서 요구되던 규칙적인 작업 방식을 배우는 과정이었습니다. 읽기, 쓰기, 산수 교육은 산업 현장에서 바로 활용할 수 있는 기초 능력에 중점을 두었습니다. 부모님들이 생산 현장에서 일하는 동안 학교는 아이들을 돌보는 동시에 미래의 노동자를 키워냈습니다.

과거 산업화 시대에 배운 능력이 미래에도 도움이 될까, 두려워하는 사람들이 많습니다. 뉴스와 유튜브에는 그와 관련된 다양한 정보가 쏟아지고 있습니다. 사실 누구도 미래를 정확히 예측할 순 없습니다. 다행히 우리나라는 산업화를 거쳐 정보화를 세계 어느 나라보다 빠르게 달성하였으며, 이를 기회 삼아 국가 발전을 이끌어 왔습니다. 분명히 시행착오가 있겠지만, 분명 슬기롭게 이겨낼 것입니다.

내가 좋아하거나 잘할 수 있는 일에 대해 고민한 적이 있으신가요?

모르면 호구 되는
경제용어상식

1판 1쇄 인쇄 2025년 5월 12일
1판 1쇄 발행 2025년 5월 22일

지은이 이현우
펴낸이 김기옥

경제경영사업본부장 모민원
경제경영팀 박지선, 양영선
마케팅 박진모
경영지원 고광현
제작 김형식

디자인 푸른나무디자인
일러스트레이션 최광렬

펴낸곳 한스미디어(한즈미디어(주))
주소 04037 서울특별시 마포구 양화로 11길 13(서교동, 강원빌딩 5층)
전화 02-707-0337 | **팩스** 02-707-0198 | **홈페이지** www.hansmedia.com
출판신고번호 제 313-2003-227호 | **신고일자** 2003년 6월 25일

ISBN 979-11-94777-06-9 (03320)